Dr. med. Matthias Riedl | Dr. med. Anne Fleck | Dr. med. Jörn Klasen

Die Ernährungs Docs

Gesunde Haut

Die besten Ernährungsstrategien bei Neurodermitis, Schuppenflechte, Akne & Co.

Mit Texten von Franziska Pfeiffer und Rezepten von Martina Kittler

INHALT

Die Symbole bei den Rezepten

- Vegan
- Glutenfrei
- Vegetarisch
- Laktosefrei
- Ballaststoffreich *mindestens 10 g Ballaststoffe pro Portion*
- Low Carb *weniger als 30 Energie-% aus Kohlenhydraten*

Gesund essen, um die Haut zu heilen

Vom Baby mit Neurodermitis über Teenager mit Akne bis zur Seniorin mit Rosazea: Jede Generation hat typische Hautkrankheiten, die sich mit unterschiedlichen Symptomen bemerkbar machen. Doch fast alle haben eines gemeinsam: Eine Ernährungsumstellung kann heilen und Beschwerden lindern.

Probleme mit der Haut hat wohl jeder im Laufe des Lebens. Und selbst wer nicht unter Ausschlägen, Pickeln, Pusteln und Juckreiz leidet, sorgt sich um seine alles umgebende Hülle. Denn sie soll möglichst lange jung aussehen. Sie hilft uns bei der Kommunikation, sie ist die Verbindung zur Außenwelt und zeigt seelische und körperliche Erregung. Denn vieles geht uns sprichwörtlich unter die Haut. Dabei ist dieses faszinierende Organ stark und schutzbedürftig zugleich. Und es will gut versorgt werden.

Neben der richtigen Pflege, dem Schutz vor schädlichen Umwelteinflüssen, dem vernünftigen Umgang mit der Sonne und einem guten Lebensstil spielt unser tägliches Essen eine entscheidende Rolle für die Hautgesundheit. Wie wirkt das, was wir zu uns nehmen, auf die Haut? Wie sieht eine ausgewogene und abwechslungsreiche Ernährung aus, die sicherstellt, dass die Haut in allen Schichten perfekt versorgt wird? Schließlich freuen wir uns nicht nur über gesunde glatte Haut, sondern auch über feste Fingernägel und glänzende, volle Haare.

Im ersten Teil dieses Buchs stellen wir Ihnen das größte Organ unseres Körpers vor. Was greift die Haut an? Was hilft der Haut, was macht sie schön? Worauf sollten wir besser verzichten? Welche Hautkrankheiten sind weitverbreitet? Wie entstehen sie? Wie werden sie heute behandelt? Was hat unseren Patienten bei bestimmten Erkrankungen geholfen? Lernen Sie mit uns, Ihre Haut besser zu verstehen.

Was die Haut mit unserer Ernährung zu tun hat? Sehr viel! Über die Blutbahn benötigt die Haut ständig Eiweiß, Fett, Vitamine und Mineralstoffe, die sie aus der Nahrung bekommt. Das heißt im Umkehrschluss: Je besser wir unsere Haut „füttern“, desto gesünder bleibt sie. Und wenn wir sie nicht gut versorgen, wird sie anfällig. Das ist zum Beispiel der Fall, wenn wir zu viel Zucker essen. Der verschlechtert das Hautbild, sorgt dafür, dass Talgdrüsen sich vergrößern, Entzündungen stärker und Hauterkrankungen begünstigt werden. Gutes Fett hingegen macht die Haut fit. Eiweiß schützt das Bindegewebe. Antioxidantien, die vor allem in Gemüse stecken, bekämpfen von innen gefährliche freie Radikale, die gesunde Zellen angreifen.

Darum geht es im zweiten Teil dieses Buchs, bevor wir Ihnen mehr als 60 gesunde Rezepte verraten, die der Haut guttun und Ihnen bestimmt schmecken werden.

Guten Appetit und baldige Genesung wünschen

GRUNDWISSEN HAUT

Was stärkt die Haut? Was schadet ihr? Wie können wir sie optimal versorgen? Auf den folgenden Seiten erklären Ihnen die Ernährungs-Docs, wie die Haut arbeitet und was dieses faszinierende Organ alles kann, wenn keine ihrer vielfältigen Funktionen gestört ist. Leider passiert das immer häufiger. Ob Schuppenflechte, Neurodermitis, Akne, Rosazea oder andere Hauterkrankungen: Kaum einer kommt ohne Hautbeschwerden durchs Leben. Lesen Sie, welche Therapien Ihnen helfen und wie Sie selbst mit einer gesunden Ernährung Ihrer Haut Gutes tun können.

Gesunde Ernährung für gesunde Haut: der beste Schutz von innen und außen

Die Hülle, die uns Menschen umgibt, ist Schutzwall und Spiegel des Lebensstils zugleich. Sie ist ein höchst empfindliches Organ, mit dem fast jeder im Laufe des Lebens einmal Beschwerden hat. Wie können Hautpatienten mit guter Ernährung gegensteuern?

Wodurch zeichnet sich die Haut aus?

Dr. Riedl: Es ist wenig bekannt, dass die Haut das größte und schwerste Organ des Menschen ist. Sie umhüllt den ganzen Körper und muss dabei zahlreiche lebenswichtige Aufgaben erfüllen. Unsere Haut schützt vor Angriffen, vor Austrocknung, Hitze, Kälte und Krankheitserregern.

Dr. Fleck: An der Haut können wir viel über den Gesundheitszustand, den Lebensstil und auch über den Seelenzustand eines Menschen erkennen. Das zeigt sich zum Beispiel bei ungesundem Dauerstress, der bei vielen Hauterkrankungen wie Neurodermitis, Akne oder Schuppenflechte Schübe auslösen kann.

Was bedroht dieses vielseitige Organ?

Dr. Klasen: Unsere Haut ist ständig Attacken ausgesetzt. Ob Tabakrauch, zu viel Sonne oder schlechte Ernährung – all das hat Einfluss auf ihren Zustand. Hautkrankheiten nehmen immer mehr zu, sie können auch infolge bestehender Erkrankungen auftreten. So hat sich zum Beispiel die Zahl der Kinder mit Neurodermitis in den letzten zehn Jahren verdreifacht.

Welchen Einfluss hat die Ernährung?

Dr. Fleck: Eine hautfreundliche Ernährung kann einen Großteil dieser Angriffe abwehren oder zumindest mildern. Eindeutig zeigt sich das natürlich bei Hautausschlägen, die keine Symptome mehr zeigen, wenn die Patienten bestimmte Lebensmittel meiden. Doch es gibt auch unerwartete Verbindungen. Wir konnten in unserer NDR-Sendung zum Beispiel sehr konkret zeigen, dass der Verzehr eines Eisbechers mit viel Zucker einen Fußpilzschub auslösen kann.

Gilt das allgemein?

Dr. Klasen: Nein, denn bei Hauterkrankungen kommt es immer auf den Einzelfall an. Das zeigt sich bei sogenannten Auslassdiäten. Das heißt, dass jemand eine Zeit lang verdächtige Lebensmittel weglässt und abwartet, wie die Haut darauf reagiert. Was für manche Neurodermitiker schlecht ist (zum Beispiel Erdbeeren), kann für andere als Vitaminlieferant sehr hilfreich sein.

Dr. Fleck: Einheitlich für alle gilt die Empfehlung, möglichst auf Zucker in Form von Süßigkeiten, Kuchen, Keksen, Fertigprodukten und Softdrinks zu verzichten und minderwertige Fette zu meiden.

Wo sind die Grenzen?

Dr. Riedl: Wir können zwar mit einer Ernährungsumstellung sehr viel erreichen, doch keine bereits vorhandenen Schäden heilen. Wer viel raucht und Sonnenbrände riskiert, um gebräunt zu sein, darf sich nicht wundern, wenn die Haut vorzeitig altert. Trotzdem können wir mit einem guten Lebensstil und gesundem Essen nicht nur Hautkrankheiten lindern, sondern auch den natürlichen Alterungsprozess verlangsamen.

Dr. Klasen: Wie komplex das Thema ist, zeigt sich am Beispiel von Vitamin D. Dieses Hormon (siehe

Seite 54) ist für den Körper – insbesondere für die Knochen – sehr wichtig. Wir können es aber nur in geringen Mengen über die Nahrung aufnehmen. Dafür bildet unser Körper selbst Vitamin D, wenn Sonne auf die Haut kommt. Damit die UVB-Strahlen die Haut aber nicht vorzeitig altern lassen oder zu Hautkrebs führen, muss die Sonne sehr genau dosiert werden.

Was sollte jeder selbst für eine gesunde Haut tun?

Dr. Klasen: Zuerst einmal ist es wichtig, auch mit vermeintlich harmlosen und weitverbreiteten Hautkrankheiten zum Arzt zu gehen. So kann beispielsweise Rosazea nicht nur die Haut schädigen, sondern auch zu schweren Folgeerkrankungen bis zum Herzinfarkt führen. Aus einem Fußpilz kann eine Wundrose mit lebensgefährlichen Komplikationen entstehen.

Dr. Fleck: Bei der Ernährung sollte man auf Lebensmittel setzen, die antientzündlich wirken, und dementsprechend meiden, was Entzündungen befeuert. Antientzündlich wirken Gemüse, Obst, fetthaltige Fische und hochwertige Speiseöle.

Dr. Riedl: Jeder sollte wissen, dass zwischen Darm und Haut viele Verbindungen bestehen und eine gesunde Darmflora deshalb eine wichtige Voraussetzung für gesunde Haut ist. Für eine möglichst große Vielfalt an willkommenen Darmbakterien sind fermentierte Milchprodukte wie Naturjoghurt, Kefir oder Buttermilch, frisches Sauerkraut und Ballaststoffe aus Vollkorn die beste Basis.

Dr. Fleck: Und nicht vergessen: Da Probleme und Sorgen oft sprichwörtlich unter die Haut gehen, kann gegebenenfalls auch eine Psychotherapie hilfreich sein.

Wie gelingt eine Ernährungsumstellung?

Dr. Riedl: Von einer Ernährungsumstellung, die der Haut guttut, profitieren wir auch in anderen gesundheitlichen Bereichen. Ob bei Übergewicht, Diabetes oder Gefäßerkrankungen – eine gute, „artgerechte" Ernährung mit vielen natürlichen Lebensmitteln ist umfassende Gesundheitsfür- und vorsorge. Das sollte man sich zur Motivation immer wieder klarmachen.

Dr. Fleck: Damit unsere Patienten nicht an zu hohen Hürden scheitern, empfehlen wir, in kleinen Schritten vorzugehen und sich nicht von einem Tag auf den anderen alles zu verbieten, was schmeckt. Kleine Rituale helfen, damit Gesundes langsam zur Gewohnheit wird. Ein Ernährungstagebuch kann Ihre guten Vorsätze unterstützen.

Dr. Klasen: Das Führen eines Tagebuchs ist auch bei allergischen Reaktionen der Haut auf Lebensmittel ein guter Weg, um herauszufinden, was der Haut „schmeckt" und was sie nicht verträgt. Denn das ist bei jeder Krankheit und bei jedem Menschen unterschiedlich. Wenn die Ursache gefunden ist, ist Disziplin gefragt. Hier kann es hilfreich sein, sich von Ernährungsmedizinern beraten zu lassen.

Dr. Klasen, Dr. Fleck und Dr. Riedl wissen Rat.

Ein Organ voller Wunder: die Haut

Sie schützt uns vor Angriffen, arbeitet wie eine körpereigene Klimaanlage und macht verborgene Gefühle sichtbar. Die Haut des Menschen leistet viel, ist aber auch anfällig für Krankheiten. Und sie reagiert auf das, was wir essen und trinken.

Leber, Niere, Herz – das fällt wohl den meisten Menschen ein, wenn sie nach Organen gefragt werden. Weniger bekannt ist, dass die Haut ebenfalls ein Organ ist. Und was für eins! Unsere Haut ist das größte, schwerste und vielseitigste Organ, das wir haben. Sie ist dehnbar und bedeckt die Oberfläche des ganzen Körpers, umhüllt alles, was zu unserem Organismus gehört – und hat dabei lebenswichtige Funktionen, und zwar von außen und innen. Zum Beispiel schützt sie gegen Umwelteinflüsse, Krankheitserreger oder schädliche Sonnenstrahlen. Der Gefahr des Austrocknens begegnet die Haut mit einem natürlichen Fettfilm. Mit ihrem Säureschutzmantel wehrt sie Krankheitserreger und Mikroorganismen ab. Auch verteidigt sie das Innere des Körpers gegen Schmutz, Druck und Wasser. Die Haut schützt also vor mechanischen, chemischen und wetterbedingten Einflüssen.

Die Haut hat einen eigenen Stoffwechsel

Auf der Innenseite erfüllt die Haut innerhalb des Stoffwechsels und der Abwehr wichtige Aufgaben. Mit ihrem Anteil am Wasserhaushalt verhindert sie einerseits Austrocknung, andererseits versorgt sie den Körper mit Flüssigkeit und Salzen. Ob es darum geht, Substanzen von außen aufzunehmen, zu speichern oder wieder auszuscheiden – die Haut hat einen eigenen Stoffwechsel, der Wirkstoffe über die untere Hautschicht in den Blutkreislauf und zu anderen Organen leiten kann. Sie „atmet" dabei, nimmt also Sauerstoff auf und gibt ihn in Form von Kohlendioxid wieder ab. Hinzu kommt noch eine weitere Fähigkeit: Die Haut unterstützt die Nieren. So können wir beispielsweise literweise Flüssigkeit über die Haut ausscheiden, dabei die Nieren entlasten und gleichzeitig vom Kühlungseffekt profitieren. Die Haut schützt uns übrigens auch vor dem Verlust von Wärme.

Eine Klimaanlage, die von allein läuft

Ob wir schwitzen oder frieren – die Haut ist unsere körpereigene Klimaanlage. Sie reguliert die für uns perfekten Temperaturen, ohne dass wir sie dafür programmieren müssen. Wenn es draußen heiß ist, lässt sie uns abkühlen, indem wir schwitzen. Wird es kalt, schützt sie das Innenleben, indem sie sich zusammenzieht und ihre Haare zur Gänsehaut aufstellt. Sie kann die Weite der Gefäße regulieren, indem sie sie eng oder weit einstellt. Stellen Sie sich die Haut vor wie eine Goretex-Jacke, die Schutz bietet, aber gleichzeitig Luft zum Atmen durchlässt. Trotz all ihrer erstaunlichen Fähigkeiten kommt die Haut aber auch immer wieder an ihre Grenzen. Das große Organ ist ein Tummelplatz für Parasiten, Pilze, Bakterien und Viren. Auch Geschlechtskrankheiten werden per Hautkontakt übertragen. Hautkrankheiten sind weitverbreitet und nehmen immer mehr zu.

Ein sehr sensibles Sinnesorgan

Die Schutzhülle Haut ist ein äußerst sensibles Sinnesorgan. Dafür streckt sie ständig Fühler aus, die tasten, was um uns herum los ist. Wie sich etwas anfühlt, ob es kalt, heiß oder nass ist, ob es gefährlich scharf oder angenehm weich und glatt ist. Genauso wie sie vermittelt, wenn etwas drückt, zeigt sie auch Schmerzen an, sodass der Körper rechtzeitig Gegenmaßnahmen ergreifen kann. Ob wir es wollen oder nicht, die Haut verrät einiges über uns. Datenschutz kennt sie nicht, die Haut gibt ständig sensible Informationen nach außen. Sie zeigt wildfremden Menschen, wie alt wir (ungefähr) sind und liefert bei Bedarf auch Informationen über unseren Gesundheitszustand. Hat jemand nur wenig rote Blutkörperchen, ist er blass; bei einer Leberentzündung färbt die Haut sich gelblich. Bestimmte Hauterkrankungen legen den (oft leider falschen) Verdacht nahe, dass jemand sich zu wenig wäscht, falsch pflegt oder zu viel Alkohol trinkt. Je nach Hauttyp plaudert das Organ auch aus, wenn wir uns schämen.

Rot vor Scham und blass vor Neid

Wie stark unsere Gefühle die Haut beeinflussen, zeigt sich, wenn wir sprichwörtlich „rot vor Scham“ oder „blass vor Neid“ werden. Wenn wir „aus der Haut fahren“, uns „in unserer Haut nicht mehr wohlfühlen“, „nicht aus unserer Haut können“ oder uns etwas „unter die Haut geht“. Das Aussehen der Haut beschreibt emotionsgeladene Zustände der Seele. Nicht zu vergessen: In besonders anrührenden Moment reagiert die Haut wie bei Kälte, indem sie ihre Haare aufrichtet. Wir sprechen von Gänsehautmomenten (siehe Seite 15). Dass unser Gefühlsleben mit der Haut assoziiert ist, beweist auch die Tatsache, dass Körperkontakt fast jedem Menschen guttut.

Der Darm spielt eine wichtige Rolle

Schöne und gesunde Haut hat also sehr viel damit zu tun, wie vital wir sind. Deshalb ist es auch von großer Bedeutung, wie wir das empfindsame Flächenorgan „füttern“. Wie eng Haut und Ernährung miteinander verbunden sind, zeigt sich schon beim Thema Nahrungsmittelallergien und Nahrungsmittelunverträglichkeiten. Die einen reagieren mit Hautausschlag auf Orangen, die anderen werden rot im Gesicht, wenn sie Hasel- oder Walnusskerne essen. Zu viel Zucker und ungesundes Fett lassen Pickel sprießen. Was genau wie zusammenhängt, ist bei jedem Menschen unterschiedlich und konnte von der Forschung bislang nicht vollständig geklärt werden. Fest steht aber: Unsere Nahrung beeinflusst die Haut mit all ihren Stoffwechselvorgängen. Eine besondere Rolle spielen dabei die Leber und der Darm: Hier wird alles zerlegt und verarbeitet, bevor es über die Blutbahnen die Haut erreicht und dort zu Bindegewebe, neuen Zellen oder Talg wird.

Verändertes Mikrobiom

Unser Darm wird von Billionen Bakterien besiedelt, die zahlreiche Funktionen im Stoffwechselsystem erfüllen. In der Gesamtheit spricht man dabei vom Mikrobiom. Wenn die Zusammensetzung dieser Bakterien gestört ist, können Krankheiten entstehen. Für eine gesunde Abwehr gilt: je vielfältiger die Darmflora, desto besser.

Auch die Haut verfügt über ein Mikrobiom, auf dem sich verschiedene Organismen ansiedeln. Die sind nicht immer harmlos. Um gefährliche Keime abzuwehren und die Wundheilung zu beschleunigen, sollte das Mikrobiom möglichst vielfältig sein, was bei Menschen mit Hauterkrankungen oft nicht der Fall ist. In Studien konnte festgestellt werden, dass das Mikrobiom bei Hautpatienten nicht nur an den entzündeten Stellen, sondern auch auf der gesunden Haut verändert ist. Es enthält zu wenig gute Bakterien und zu viel schlechte.

Die Ernährungs-Docs

Für Neurodermitiker kann eine Analyse des Hautmikrobioms sinnvoll sein, denn ihnen fehlen häufig wichtige Bazillen. Über die Zufuhr bestimmter Bakterien lassen sich das Hautmikrobiom regenerieren und Beschwerden lindern.

Schicht für Schicht: der Aufbau der Haut

Oberhaut, Lederhaut und Unterhaut: Die schützende Hülle des Menschen besteht aus drei Schichten, die alle unterschiedliche Funktionen haben. Als sogenanntes Hautanhangsgebilde kommen Schweiß- und Talgdrüsen, Haare und Nägel dazu.

Die äußere Schicht, also das, was wir sehen und anfassen können, ist die Oberhaut, auch Epidermis genannt (das griechische *epi* steht dabei für „über", *dermis* ist die Haut). Sie liegt wie ein schützendes Dach über den tieferen Schichten und besitzt mit der starken und teilweise sehr festen Hornschicht ein gutes Schutzschild. Die Epidermis hat keine Blutgefäße. Sie besteht aus Hornschicht (ganz oben), Körnerzellschicht, Stachelzellschicht und Basalzellschicht. Ihre besondere Fähigkeit: Sie kann sich dick machen, indem sie bei Belastungen an besonders dünnen Stellen wie an den Händen und Füßen Schwielen bildet, wenn sie mechanisch belastet wird. Unter der Lupe betrachtet, zeigt die Oberhaut feine Linien, die keinem einheitlichen Muster folgen. Als äußerste Schicht erneuert sie sich ständig. Die Basalzellschicht produziert neue Hautzellen, die auf die Hautoberfläche wandern.

Wussten Sie, dass ...

... die Haut eines erwachsenen Menschen ausgebreitet bis zu zwei Quadratmeter groß ist, wenige Millimeter dick und zwischen drei und 20 Kilogramm (mit Fett) schwer ist?
... sich an den Fingerkuppen etwa 2500 Rezeptoren pro Quadratzentimeter befinden?
... sich etwa eine Billion Bakterien auf der menschlichen Haut tummeln? Sie alle gehören zum sogenannten Hautmikrobiom. Die Menge an verschiedenen Bakterientypen ist bei jedem Menschen unterschiedlich.
... die Hautdrüsen bei Sportlern größer sind als bei Nichtsportlern?

Die Lederhaut versorgt die Epidermis

Die Schicht darunter, die Lederhaut (Dermis), besteht aus Fasern, die besonders zugfest und elastisch sind. In ihrem oberen Teil liegen Schweißdrüsen, im unteren Haarfollikel. Talg aus den Talgdrüsen hält die Lederhaut geschmeidig. Im Vergleich zur Oberhaut ist sie dick und stabil – wie Leder. Ihre Aufgabe besteht darin, die Epidermis mit Nährstoffen und Feuchtigkeit zu versorgen. Wenn die Lederhaut schwächelt, wird die Haut rissig und anfälliger für Krankheitserreger. Die Besonderheit der Lederhaut: Sie ist maßgeblich am Alterungsprozess beteiligt. Sie erschlafft im Laufe des Lebens – vor allem bei Menschen, die viel in der Sonne sind, rauchen, wenig schlafen, oft Stress haben, sich schlecht ernähren und kaum bewegen.

In der Unterhaut sitzen Fettpolster

In der dritten Schicht, der Unterhaut (Subcutis, *sub* ist lateinisch für „unter" und *cutis* für „Haut"), sitzen Fettpolster und lockeres Bindegewebe. Dieser Teil macht einen Großteil des Gewichts der Haut aus. Das Fett wird aus dem Blut aufgenommen oder aus Kohlenhydraten in den Zellen gebildet. Auch Hormone wirken sich auf den Fettgehalt aus. Im Unterhautfettgewebe wird Energie gespeichert und Wärme isoliert. Es ist auch mit Knochen, Sehnen und Faszien verbunden.

Im Anhang: Drüsen, Haare, Nägel

Auch Drüsen, Haare und Nägel an den Fingern und Zehen gehören zur Haut beziehungsweise sie hängen als „Hautanhangsgebilde“ an ihr und haben ebenfalls wichtige Aufgaben. Die Schweißdrüsen regeln den Wärmehaushalt und halten die Haut im gesunden „sauren“ Bereich. Die Duftdrüsen sitzen vor allem in den Achseln. Von der Pubertät an bilden sie hormongesteuert Sekrete. Auch bei den Talgdrüsen spielen Hormone eine Rolle. Der Talg, den sie abgeben, macht die Haut geschmeidig und lässt die Haare glänzen. Arbeiten sie übereifrig (etwa in der Pubertät), kann das zu Akne führen. Übrigens zählen auch die Milchdrüsen zu den Hautanhangsgebilden. Zum Schutz der Zehen- und Fingerspitzen hat die Natur den Menschen mit Nägeln aus Hornschuppen in Form von Finger- und Zehennägeln ausgestattet. Haare brauchen wir heute nicht mehr, um bei Wind und Wetter unsere Körpertemperatur zu halten. Sie haben nur noch eine ästhetische Funktion.

Gut zu wissen: der Aufbau der Haut

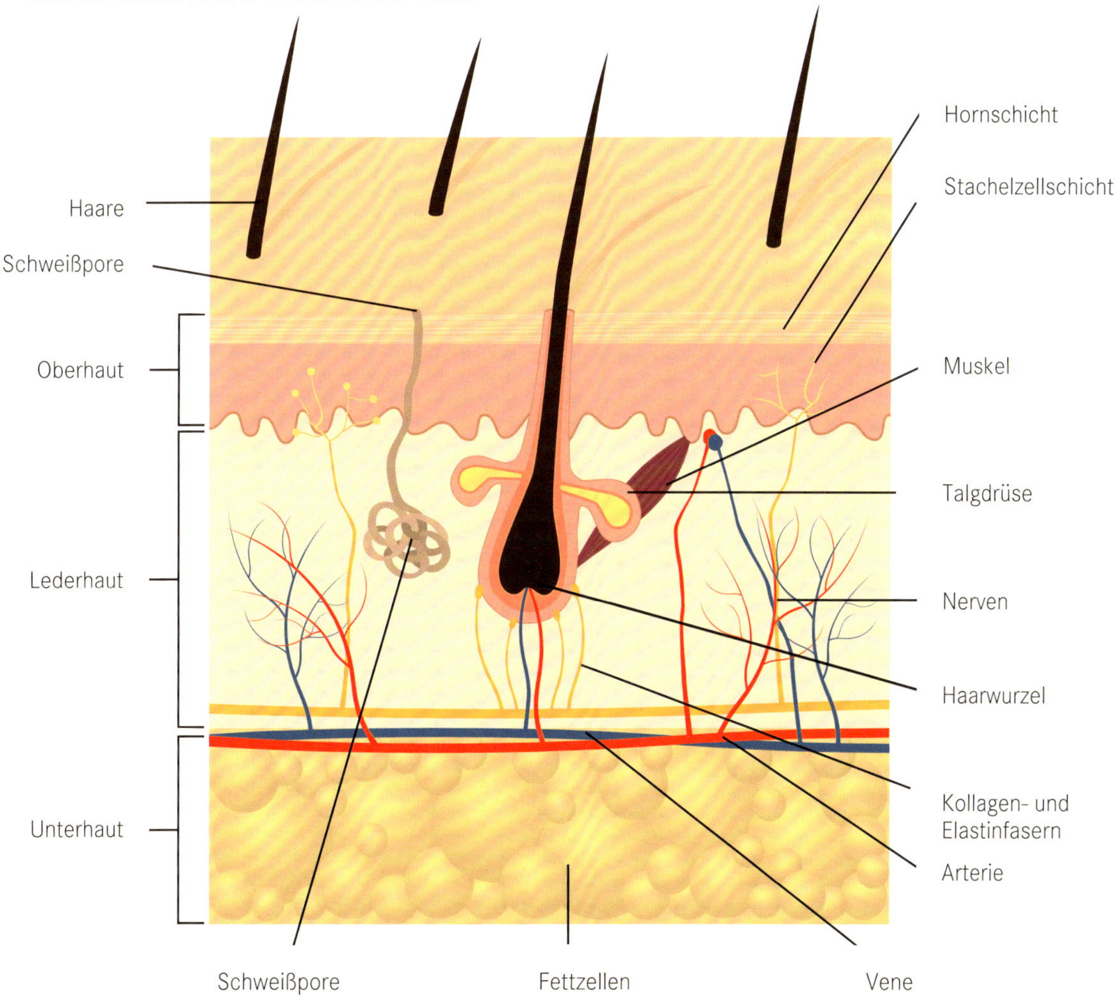

Kurioses rund um die Haut

Warum bekommen wir eigentlich eine Gänsehaut? Und warum hat die Natur uns mit Füßen ausgestattet, die bei Stress schwitzen? Hier erfahren Sie, mit welch phänomenalen Fähigkeiten die Haut uns in vielen Bereichen des Lebens unterstützt.

Haare mit Warnfunktion

Das, was bei uns Menschen heutzutage an erwünschten und unerwünschten Haaren auf der Haut wächst, ist ein Relikt aus Urzeiten, in denen Fell überlebenswichtig war. Auch wenn unser „Fell" uns nicht mehr wärmen muss, haben Haare auch heute noch Funktionen. Auf dem Kopf schützen sie vor zu viel Sonne oder Kälte, im Intimbereich halten sie Fremdkörper ab. Die feinen, beinahe unsichtbaren Haare, die wir auf den Armen und Beinen, an Rücken, Bauch oder am Hals haben, reagieren auf Berührungen und können zum Beispiel vor Insekten warnen, die über die Haut krabbeln. Haare auf der Haut unterstützen auch die Temperaturregulierung, indem sie die Fläche vergrößern, über die Schweiß verdunstet.

Anpassung an frostige Temperaturen

Kennen Sie das? Draußen ist es eisig kalt – und plötzlich werden die Hände oder Füße weiß. Das ist kein Wunder: Die Haut hat sich den Temperaturen angepasst. Sie wird jetzt schlechter durchblutet, weil der Körper das Blut in den „Außenstellen", also an den Händen, Füßen, Nasen oder Ohren, abzieht und ins Innere des Körper leitet. Eine Zeit lang kann die Haut das aushalten.

Nasse Hände und schwitzende Füße

Geraten wir in Stress oder überkommt uns große Angst, fangen die Füße und die Hände an zu schwitzen. Das ist ein Überbleibsel aus der Steinzeit: In Anbetracht drohender Gefahr schüttet der Körper Botenstoffe aus, die für die Produktion von Schweiß sorgen. Der Organismus befeuchtet die Hände und Füße vorsorglich, damit der Mensch auf der Flucht nicht ausrutscht.

Frischer Schweiß ist geruchlos

Schweiß riecht zunächst nicht. Er macht sich erst durch Geruch bemerkbar, wenn Bakterien ihn zersetzen. Die haben es auf bestimmte Stoffe wie Eiweiß, Milchsäure oder Harnstoffe abgesehen. Beim Zersetzen entsteht Buttersäure, die alles andere als angenehm riecht. In enger Kleidung, die wenig Luft durchlässt, müffelt es schlimmer. Denn Bakterien mögen dunkle und warme Stellen. Luftige Kleidung möglichst aus Baumwolle verringert unangenehmen Schweißgeruch.

Schlimm oder schön: Gänsehautmomente

Ob bei einem Horrorfilm oder bei ergreifender Musik, ob etwas schlimm oder bezaubernd schön ist – die meisten Menschen reagieren darauf mit einer Gänsehaut. Dann richten sich die Härchen der Haut nach oben auf wie eine Gans, die ihren Hals emporstreckt. Das passiert, weil sich die Haarbalgmuskeln in der Haut zusammenziehen. Die obere Haut schwillt leicht an und steigert die Schweißabgabe. Deshalb tritt die Gänsehaut häufig mit einem leichten Frösteln auf. Übrigens reagieren nicht alle Menschen auf Emotionen mit Gänsehaut. Es gibt auch Frauen und Männer mit einer sprichwörtlichen dicken Haut, bei denen sich die winzigen Haare nie oder selten aufrichten. Zartbesaitete Naturen – meist kreative Menschen mit großer Vorstellungskraft – erleben häufiger Gänsehautmomente.

Modeerscheinung Tattoos: eine Qual für die Haut

Tätowierungen sind im Trend. Jeder Zehnte findet mittlerweile Gefallen daran, sich mit Farbpigmenten und Tinte Gemälde unter die Haut stechen zu lassen. Erstaunlicherweise hinterfragen selbst sonst sehr gesundheitsbewusste Menschen diesen gefährlichen Trend kaum, obwohl die Risiken unumstritten sind. Denn in tiefer liegenden Hautschichten kann es zu Entzündungen, allergischen Reaktionen und bleibenden Schädigungen kommen. Dabei geht es nicht nur um die Haut, sondern auch andere wichtige Organe können in Mitleidenschaft gezogen werden. Über die Langzeitfolgen gibt es bislang noch keine Studien. Und: Trotz moderner Verfahren lassen sich die Farben unter der Haut nicht wieder völlig entfernen, wenn die Gemälde auf der Haut nicht mehr gefragt sind.

Ernährung als Anti-Aging-Maßnahme: So bleibt die Haut länger jung

Jeder wünscht sich auch in der zweiten Hälfte des Lebens gesunde, möglichst jung aussehende Haut, ohne sich Schönheitsoperationen zu unterziehen. Gibt es die optimale Forever-young-Diät? Was hält die Haut jung und was lässt sie schneller altern? Ernährungs-Doc Matthias Riedl klärt auf.

Können wir uns im fortgeschrittenen Alter wieder jung essen?

Leider nein, das wäre zu schön. Auch wenn Hersteller von Nahrungsergänzungsmitteln gern so etwas versprechen: Es gibt keine Wunderdiät für die ewige Jugend und erst recht kein Ernährungsprogramm, das Alterungsprozesse rückgängig macht. Doch viele Lebensmittel können die Hautalterung verzögern.

Welche sind das beispielsweise?

Dazu gehören zum Beispiel dunkle Beeren wie Heidel- oder Brombeeren, denn die darin enthaltenen Antioxidantien sind Gegenspieler der freien Radikale, die die Alterung beschleunigen. Avocados stärken mit ihren guten Fetten das Herz-Kreislauf-System, was auch der Haut guttut. Tomaten enthalten Stoffe, die die Haut bei zu viel Sonne in gewissem Maße schützen. Haferflocken stärken das Bindegewebe. Omega-3-Fettsäuren unterstützen die Haut bei der Reparatur von Schäden. Zusammengefasst lässt sich sagen, dass eine antientzündliche Ernährung (siehe Seite 28) das beste Essen gegen vorzeitige Hautalterung ist. Doch die Ernährung ist nicht das Einzige, was den Hautzustand beeinflusst. Rauchen, Kortison über einen langen Behandlungszeitraum, zu viel Sonne und Stress spielen auch eine große Rolle.

Inwiefern macht sich Rauchen an der Haut bemerkbar?

Wenn man landläufig sagt „Rauchen macht alt", trifft das genau den Punkt. Forschungen über den Zusammenhang von Zigarettenkonsum und Hautalterung zeigen, dass die Haut von Rauchern schneller austrocknet und Falten bildet, weil sie weniger Flüssigkeit speichern kann als die von Nichtrauchern. Denn Tabakrauch hemmt die Neubildung der Kollagenfasern, denen wir in der Jugend unsere glatte Haut verdanken. Nikotin verengt zudem die Blutgefäße, sodass die Haut schlechter mit Nährstoffen und Sauerstoff versorgt wird – was dazu führt, dass sie blass und fahl wirkt. Wird Kortison als Dauertherapie in Form von Cremes großflächig aufgetragen, kann die Haut dünner werden und deshalb ebenfalls schneller altern.

Warum lässt die Sonne uns älter aussehen?

Sonne in Maßen schadet der Haut keineswegs. Sie ist sogar wichtig für die Vitamin-D-Bildung (siehe Seite 54). Doch zu viel Sonne – vor allem in Form von Sonnenbränden – führt zu starken Falten und ist nach dem Rauchen der zweitwichtigste Faktor für vorzeitige Hautalterung. Ultraviolette Strahlen sind in der Lage, in die Hautzellen einzudringen, und können dort das Erbgut dauerhaft schädigen.

Wie funktioniert Essen als Sonnenschutz?

Natürlich können die eben erwähnten Tomaten oder roten Paprikaschoten nicht die Sonnencreme ersetzen, doch sie enthalten den Stoff Lycopin und viel Vitamin A. Diese Inhaltsstoffe legen sich wie ein schützender Filter auf die Haut. Es gibt Untersuchungen, die zeigen, dass diejenigen, die regelmäßig Tomaten oder Tomatenmark essen, weniger anfällig für Sonnenbrände sind. Insofern hat das Gemüse einen Anti-Aging-Effekt, der aber nicht zu übertriebenem Sonnenbaden führen darf (siehe auch Seite 45).

Welche Rolle spielt Stress?

Unsere Haut reagiert nicht nur auf Ernährung und Umwelt, sondern gilt zu Recht als Spiegel der Seele. Wir wissen, dass Stress zum Beispiel Mitesser und Pickel verursachen und die Abwehr des ganzen Körpers schwächen kann. Insofern hat Stress auch einen großen Einfluss auf die Haut. Dabei spielen biochemische Prozesse eine Rolle.

Zum einen verengen sich die Gefäße in Stresssituationen, sodass die Haut schlechter versorgt wird. Zum anderen produzieren die Nervenenden der Haut sogenannte Neuropeptide, die unter anderem dafür sorgen, dass Abwehrzellen ins Gewebe gelangen, um es zu schützen. Das passiert, indem sie eine Entzündungsreaktion auslösen. Die würde normalerweise zurückgehen, wenn der Stress vorüber ist. Bleibt er aber dauerhaft, bleiben auch die Neuropeptide und die Haut wird anfälliger. Und nicht zu vergessen: Stress wirkt auch indirekt auf die Haut, wenn man zum Beispiel gegen Stress raucht oder zu viel Zucker isst. Deshalb ist gezielte Entspannung ebenfalls eine gute Anti-Aging-Maßnahme für die Haut.

Neuerdings ist oft von „Nutricosmetics“ die Rede. Was hat es damit auf sich?

Hier geht es um Nahrungsergänzungsmittel, die die Haut von innen verschönern sollen, also Kosmetik zum Essen, aus dem Englischen *nutrition* (Ernährung) und *cosmetics* (Kosmetik). Denn viele Vitamine und Co. wirken – wie gesagt – gegen vorzeitige Hautalterung und als Lichtschutz.

Warum wurden diese Mittel entwickelt?

Umfragen haben gezeigt, dass die meisten Menschen in Europa nicht so gesund essen, dass sie wirklich alle wichtigen Nährstoffe in den empfohlenen Mengen aufnehmen. Dadurch ist ein Bedarf an neuen Nahrungsergänzungsmitteln entstanden, die das tägliche Essen um die notwendigen Nährstoffe ergänzen sollen.

Würden Sie das empfehlen?

Wer es schafft, sich gut zu ernähren, tut damit automatisch etwas für sein gutes Aussehen und braucht keine Nutricosmetics, vor allem nicht dauerhaft. Es kann aber Ausnahmesituationen geben (zum Beispiel bei Krankheiten), in denen das sinnvoll ist. Dabei sollte man sich aber in jedem Fall vom Hausarzt oder Ernährungsmediziner beraten lassen.

Wie schnell werden Hautverbesserungen durch Ernährung sichtbar?

Nur sehr langsam, deshalb sollte man die Erwartungen nicht zu hoch schrauben. Es geht eher darum, den natürlichen Alterungsprozess zu verlangsamen. Denn auch wenn wir uns perfekt ernähren, werden wir älter. Insofern ist die Ernährung kein Jungbrunnen, in den man hineinspringt und aus dem man zehn Jahre jünger wieder auftaucht. Es ist aber trotzdem möglich, dank eines gesunden Lebensstils bis zu zehn Jahre jünger auszusehen. Geben Sie also nicht auf, wenn Sie Ihre Ernährung umstellen und nicht sofort tolle Ergebnisse im Gesicht sehen. Lebensmittel gegen Hautalterung sind keine Medikamente, die über Nacht wirken. Die vorbeugenden und nachhaltigen Effekte zeigen sich erst auf lange Sicht. Das heißt, dass es nie früh genug, aber auch nie zu spät ist, um damit anzufangen.

Entzündete Haut bei Neurodermitis: das quälende Jucken

Trockene schuppige Haut mit entzündeten Stellen macht bereits zehn Prozent aller Kindern zu schaffen. Der Teufelskreis aus Jucken und Kratzen kann nach einer Auslassdiät durchbrochen werden, indem die Betroffenen bestimmte Lebensmittel meiden.

Neurodermitis – der Name ist etwas verwirrend, denn er stammt aus einer Zeit, in der die Forschung noch nicht so weit fortgeschritten war wie heute. Seinerzeit glaubte man, dass die Ursache entzündete Nerven seien und brachte die Begriffe „Neuron" für „Nerv" und „Dermatitis" für Hautentzündung zusammen. Nach dem heutigen Stand der Wissenschaft ist dies aber nicht mehr haltbar. Neurodermitis (auch atopisches oder endogenes Ekzem oder atopische Dermatitis genannt) ist eine nicht ansteckende, chronisch entzündliche Hautkrankheit, die zum sogenannten allergischen Formenkreis zählt, zu dem auch Asthma bronchiale und Heuschnupfen gehören.

Botenstoffe fördern Entzündungen

Bei Neurodermitis reagiert das Immunsystem überempfindlich: Es schüttet entzündungsfördernde Botenstoffe aus, obwohl das gar nicht nötig wäre. Als Folge wird der Schutzmantel der Haut zerstört, diese verfügt nicht mehr ausreichend über ihre körpereigene Fett- und Feuchthaltemöglichkeit. Bakterien können dann leicht angreifen und in die spröde und rissig gewordene äußere Schicht eindringen. Bestimmte Stoffe aus Nahrungsmitteln (wie Histamine) spielen dabei eine Rolle. Sie sorgen dafür, dass sich die Gefäße weiten und durchlässiger werden, sodass Blutplasma ins Gewebe der Haut eindringen kann, was wiederum den quälenden Juckreiz auslöst. Die genauen Ursachen für die Erkrankung sind bislang noch unbekannt. Es gibt aber wohl eine genetische Veranlagung: Kinder von Eltern, die Neurodermitis hatten, haben ein höheres Risiko. Daneben wird bei der Ursachenforschung auch die sogenannte Hygiene-Hypothese in Betracht gezogen. Demnach kommen Säuglinge heute in gut geputzten Wohnungen zu selten mit Krankheitserregern in Kontakt, sodass ihr Immunsystem nicht „lernt", diese abzuwehren. Dafür spricht, dass Kinder, die auf dem Land mit Tieren und in einer weniger keimfreien Umgebung aufwachsen, seltener an Neurodermitis erkranken. Insgesamt kommt Neurodermitis in den hoch entwickelten Industrieländern häufiger vor als in ärmeren Teilen der Erde – die Zahl der Betroffenen hat sich in den Industrienationen in den letzten zehn Jahren verdreifacht.

Vor allem Kinder sind betroffen

In Deutschland leiden mehr als vier Millionen Menschen unter Neurodermitis, vor allem Kinder und Jugendliche. Bereits zehn Prozent von ihnen haben Neurodermitis, die damit die häufigste chronische

Die Ernährungs-Docs

Gemüse ist zwar gesund, für Neurodermitiker gibt es aber Ausnahmen. Denn ihr Immunsystem reagiert überaktiv. Deshalb haben Neurodermitiker häufig viele Histamine (die Botenstoffe des Abwehrsystems) im Blut, die Entzündungen verstärken und Juckreiz auslösen können. Die Betroffenen sollten deshalb histaminreiche Lebensmittel wie Tomaten oder Paprika reduzieren.

Hauterkrankung bei Kindern ist. Tendenz steigend, denn allergiebedingte Krankheiten nehmen ständig zu. Die juckende und schmerzhafte Haut ist nicht nur für die betroffenen Kinder sehr belastend, auch die Familien leiden regelmäßig mit. Für sie gibt es spezielle Schulungen, in denen alle Beteiligten Bewältigungsstrategien lernen, mit denen sie besser durch den Alltag kommen. Wo solche Kurse in Ihrer Nähe angeboten werden, erfahren Sie beispielsweise unter www.neurodermitisschulung.de.

Trockene, schuppige Haut, entzündete Stellen, manchmal blutige Wunden vom vielen Kratzen und starker Juckreiz machen den jungen Patienten zu schaffen. Ein kleiner Trost: Meistens verschwinden die juckenden Ausschläge bis ins Erwachsenenalter von allein. 60 Prozent aller betroffenen Kinder und Jugendlichen sind nach der Pubertät beschwerdefrei. Verläuft die Neurodermitis allerdings sehr schwer und kommen noch Asthma und Heuschnupfen hinzu, steigt die Wahrscheinlichkeit, dass die Krankheit bis ins Erwachsenenalter bleibt. Bei Frauen und Männern über 20 Jahren liegt die Quote deutlich niedriger als bei Kindern; zwischen ein und drei Prozent der Erwachsenen haben Schätzungen zufolge Neurodermitis.

Andere Erkrankungen ausschließen

Der Arzt erkennt die Neurodermitis an wiederkehrenden Hautveränderungen und am starken Juckreiz. Bei der Diagnose ist es wichtig, dass andere Erkrankungen ausgeschlossen werden. So treten zum Beispiel bei Schuppenflechte oder bei einem Kontaktekzem ähnliche Symptome auf. Mithilfe von Hauttests, Auslassdiäten und Laboruntersuchungen lässt sich eine allergische Form von Neurodermitis nachweisen. Steht die Diagnose fest, wird ein individueller Therapieplan erstellt, bei dem es nicht nur um die Ernährung geht. Die richtige Pflege der trockenen Haut mit rückfettenden Substanzen kann helfen, den fehlenden Wasser- und Fettgehalt auszugleichen. Und auch Entspannungsübungen gegen Stress können die Beschwerden lindern. Wenn weder Medikamente noch Hautpflege oder das Vermeiden von Reizfaktoren helfen, kommt auch eine Lichttherapie infrage – allerdings nur für Erwachsene.

Verschiedene Ursachen für Schübe

Neurodermitis tritt in Schüben auf. Bei der Frage, wann es zu einem Schub kommt, spielen viele verschiedene Faktoren eine Rolle. Gibt es Allergien (siehe Seite 24)? Wie stark ist die Haut mit Bakterien besiedelt? Wie ist das Klima? In welchem seelischen Zustand befinden sich die Betroffenen? Wie ernähren

Kortison – wirksam, aber nicht auf Dauer

Bei Hautkrankheiten wie Neurodermitis ist Kortison – ähnlich wie bei anderen Erkrankungen – Fluch und Segen zugleich. Es gehört zu den umstrittensten Medikamenten gegen Neurodermitis und wird meistens eingesetzt, um aus einem akuten Schub wieder herauszukommen und den Teufelskreis aus Ausschlag, Juckreiz, Kratzen und neuen Entzündungen möglichst schnell zu durchbrechen. Kortison ist eigentlich ein körpereigenes Hormon, das für die Hormonsteuerung im Körper zuständig ist. Für Medikamente gegen Hautkrankheiten wird es synthetisch hergestellt. Als Salbe hilft Kortison bei Schüben schnell und effektiv, auf die Dauer kann es die Haut aber dünner machen, sodass sich die Neurodermitis insgesamt eher verschlechtert statt verbessert. Daher sollte Kortison nur, wenn es nicht anders geht, möglichst selten (ein- bis zweimal in der Woche) und so kurz wie möglich zum Einsatz kommen.

So helfen Sie Ihrem Kind

Neben der Ernährung können Sie Ihrem Kind das Leben mit Neurodermitis auch auf andere Weise erleichtern:

- Stillen Sie Ihr Baby möglichst sechs Monate lang. Das ist für erblich vorbelastete Kinder der beste Schutz. Zeigen sich dennoch Symptome wie Milchschorf, sollten Sie sich vom Kinderarzt beraten lassen. Eventuell ist hypoallergene Nahrung eine Alternative.
- Ihr Kind sollte immer weite und weiche Kleidung aus Baumwolle tragen. Diese ist luftdurchlässig und wirkt wenig reizend. Nachts können spezielle Handschuhe oder Schlafanzüge das Blutigkratzen verhindern.
- Schneiden Sie die Fingernägel Ihres Kindes kurz, damit es beim Kratzen nicht so leicht zu Verletzungen kommt.
- Gegen akuten Juckreiz helfen kühle (nicht eisige) Umschläge mit Schachtelhalmtee. Sprechen Sie mit dem Hausarzt über Anwendungen aus der Naturheilmedizin.
- Urlaube an der See oder im Hochgebirge können entlasten, denn dort gibt es weniger Allergene in der Luft.
- Manchmal hilft es, die betroffene Haut zu streicheln, dem Kind Reiben statt Kratzen zu empfehlen oder es einfach mit besonders spannenden Tätigkeiten abzulenken.

sie sich? All dies steht im Zusammenhang mit Neurodermitis. Auch Hausstaubmilben, Schimmelpilzsporen, Tierhaare, Federbetten und Pollen können an der Entstehung der Krankheit beteiligt sein. Staubige Teppiche, Vorhänge, Lammfelle oder Plüschtiere und zu hohe Temperaturen (vor allem nachts) im Kinderzimmer lösen bei manchen Neurodermitikern Schübe aus. Die Suche nach individuellen Auslösern ist oft Detektivarbeit. Und nicht zu vergessen: Auch Kinder empfinden Stress. Daher sind Entspannungsübungen in jedem Alter empfehlenswert. Bei kleinen Kindern helfen zum Beispiel Entspannungsgeschichten mit Elementen des autogenen Trainings. Wenn die Eltern mit dem Kind gemeinsam bewusst zur Ruhe kommen, profitieren die Kleinen davon. Größere Kinder können Entspannungstechniken wie Yoga, autogenes Training oder progressive Muskelentspannung lernen. Auch Sport, Bewegung und Herumtoben (am besten draußen) tun gut, denn das baut Stresshormone ab.

Ernährungstherapie per Ausschluss

Um Auslösern (Allergenen) von Neurodermitisschüben in der Nahrung auf die Spur zu kommen, hat sich die sogenannte Auslassdiät bewährt – eine Art allergenarme Suchdiät. Sie erfordert jedoch etwas Geduld, die vor allem Kinder nicht immer aufbringen können. Die Betroffenen lassen mehrere Tage oder auch Wochen lang alle Lebensmittel weg, die im Verdacht stehen, der Haut zu schaden. Häufig sind das Nahrungsmittel, die dafür bekannt sind, dass sie Entzündungen befeuern (siehe Seite 22/23). Dazu gehören beispielsweise Kiwis, Erdbeeren, Zitrusfrüchte oder anderes saures Obst. Auch Süßigkeiten, Zuckerhaltiges, Produkte aus Weizenmehl, viel Fisch, Ei oder scharfe Gewürze verschlimmern bei manchen Betroffenen die Symptome.

Erkenntnisse ins Ernährungstagebuch

Erlaubt sind in der Zeit nur allergen- und reizarme Lebensmittel. Anschließend ergänzt man in zwei- bis dreitägigem Abstand wieder neue Lebensmittel, um mögliche Unverträglichkeiten herauszufinden. Reagiert die Haut dabei nicht, steht fest: Wir sind auf dem richtigen Weg. Wurde ein Trigger auf diese Weise identifiziert und eine Zeit lang vermieden, kann er durchaus wieder probiert werden. Denn das Reaktionsverhalten der Haut kann sich verändern. Essen Sie zum

Nach einer Auslassdiät: bessere Haut ohne Erdbeeren

Maxime hat Neurodermitis. Damit der fünfjährige Junge möglichst lange ohne Kortison auskommt, muss er anders essen.

Maxime muss mehr Gesundes essen. Ernährungs-Doc Jörn Klasen bringt ihn dazu.

Schon seit seiner Geburt leidet Maxime unter Neurodermitis. Er hat die „Kratzehaut" wohl von seiner Mutter geerbt. Die bisherigen ärztlichen Empfehlungen im Kampf gegen die tückische Hautkrankheit sind ernüchternd. Das Kind soll einfach Kortison nehmen, das Medikament langsam ausschleichen lassen – und dann wird es von allein besser, hat ein Arzt gesagt. Doch Maximes Eltern merken davon nichts. Bei den Ernährungs-Docs erfahren sie: Eine solche Empfehlung ist leider ein Trugschluss, denn auch wenn Kortison am Anfang tatsächlich hilft, macht es die Neurodermitis auf Dauer schlimmer.

Verbände gegen das Kratzen

Bisher cremt Maximes Mutter ihren Sohn alle zwei bis drei Tage mit Kortisonsalbe ein; bei starken Schüben wird die Dosis auf bis zu zweimal täglich erhöht. Nachts trägt Maxime einen Neurodermitis-Schlafanzug mit verschlossenen Ärmeln. Besonders stark juckende Stellen werden zusätzlich mit Verbänden umwickelt, damit der Junge sich beim Kratzen nicht verletzt. Vor allem in den Kniekehlen und in den Armbeugen ist es schlimm. Die Nächte verlaufen sehr unruhig und auch tagsüber macht die entzündete Haut dem Kind zu schaffen. Wenn Maxime schwitzt oder Sonnencreme auftragen muss, fängt die Haut an zu jucken. Im Sommer sind auch die Augen oft geschwollen. Bestenfalls hilft Ablenkung.

Ernährungs-Doc Jörn Klasen vergrößert die aufgekratzten Stellen mit einer Spezialkamera. Maxime sieht so selbst, wie schlimm es um seine Haut steht. Mithilfe einer Auslassdiät wollen alle Beteiligten herausfinden, welche Lebensmittel ihm guttun und welche nicht. Probeweise soll er Zitrusfrüchte weglassen, die erfahrungsgemäß häufig Auslöser für Schübe sind. Auch Erd- und Himbeeren werden vom Speiseplan gestrichen. Als Maxime nach vier Wochen Pause erstmals Erdbeeren isst, zeigt sich sofort wieder Ausschlag in den Kniekehlen. Auf Weizen reagiert er am Hals. Auch das ist typisch. „Weizen geht schnell ins Blut und wirkt wie Schokolade", erklärt Jörn Klasen. Zucker tut der Haut ebenfalls nicht gut.

Gemüse in Nudelform

Leider ist Maxime – wie so viele Kinder – nicht gerade ein begeisterter Gemüseesser. Dafür nascht er sehr gerne Süßigkeiten. Um das zu ändern, arbeitet Jörn Klasen mit kleinen Tricks: Er gibt dem Jungen sieben Goldtaler, von denen Maxime jeden Tag einen gegen eine Handvoll Schokolade oder Gummibärchen tauschen darf. Mehr Spaß an Gemüse entdeckt Maxime, indem er Gemüse in Nudelform schneidet. Nudeln mag er schließlich gerne. Nach ein paar Monaten hat sich die Haut erkennbar verbessert. Und für Maximes Familie steht fest: Wir bleiben dran.

Beispiel Erdbeeren zur Probe und warten Sie ab, wie die Haut darauf reagiert. Zeigt sie keine Reaktion, können Sie wieder Erdbeeren essen. Kommt es erneut zu Hautausschlag, müssen die Beeren weiterhin vom Speiseplan gestrichen werden. Notieren Sie die Ergebnisse in einem Ernährungstagebuch. Im Internet (oder auch in der Beilage zu diesem Buch) gibt es spezielle Vorlagen für Neurodermitiker, mit denen Familien nicht nur schlecht verträglichen Nahrungsmitteln, sondern auch anderen Auslösern wie Tierkontakten oder Gefühlen auf die Spur kommen können.
Welche Lebensmittel für Neurodermitis-Patienten grundsätzlich gut und welche schlecht sind, erfahren Sie in unserer Übersichtstabelle (siehe unten und rechts). Und nicht vergessen: Eine Ernährungsumstellung sollte immer mit dem Hausarzt oder einem Ernährungsmediziner besprochen werden. Ansonsten gelten folgende Ernährungsregeln:

+ Kaufen Sie so oft wie möglich naturbelassene Lebensmittel – am besten in Bioqualität. So lassen sich Farb-, Aroma-, Konservierungs- und Schadstoffe vermeiden.
+ Für unterwegs eignen sich festes Obst (Äpfel) und Gemüse, die man auch roh essen kann (wie Möhren- oder Kohlrabistifte). Anstelle von süßen Snacks sind Kinder mit Bio-Früchteriegeln, Mandeln, Reiswaffeln oder Trockenfrüchten ohne Zuckerzusatz gut bedient. Zucker kann Entzündungsprozesse im Körper befeuern.
+ Kinder, die Milchprodukte vertragen, können die Darmflora mit sogenannten Probiotika wie fermentierten Milchprodukten stärken. Probiotika kommen natürlicherweise in milchsauren Produkten wie Naturjoghurt, Kefir, Buttermilch oder frischem Sauerkraut vor. Präbiotika in Form von Ballaststoffen (zum Beispiel Inulin in Chicorée, Lauch oder Topinambur) machen die Darmflora ebenfalls widerstandsfähig.
+ Täglich 1 EL (Kinder: 1 TL) Gamma-Linolensäure (eine Omega-6-Fettsäure, die in Hanf- und Borretschöl vorkommt) kann Entzündungen lindern. Auch Schwarzkümmelöl ist empfehlenswert. Das Vitamin-E-reiche Weizenkeimöl kann man innerlich und äußerlich anwenden.
+ Softdrinks und Limonaden enthalten massenweise Zucker und gehören nicht auf den täglichen Speiseplan. Wer weder Tee (gut geeignet sind Pfefferminz- und Fencheltee) noch Wasser mag, kann auf verdünnten Apfelsaft ausweichen. Wichtige Faustregel: Es sollte 300 ml Flüssigkeit pro kg Körpergewicht am Tag geben.

Lebensmittelauswahl bei Neurodermitis

	Häufig vertragen	Häufig nicht vertragen
Brot und Brotaufstriche, Getreide und Beilagen wie Nudeln, Kartoffeln, Reis	Brot und Getreideprodukte aus Hirse, Hafer, Dinkel, Buchweizen; Müsli aus Amarant, Quinoa; Reis, Dinkelnudeln ohne Ei, Kartoffeln, vegetabile Pasteten ohne Milch, Soja und Ei	Brot und Getreideprodukte aus Weizen oder Roggen; Brot oder Müsli mit Zuckerzusatz; Hartweizennudeln; Sojaprodukte wie Tofu; Fast Food und Fertiggerichte (enthalten viele Zusatzstoffe); Erdnussbutter, Schoko-Nuss-Aufstrich

Snacks & Knabbereien (1 kleine Handvoll pro Tag)	Trockenfrüchte ohne Zuckerzusatz, Reiswaffeln **in Maßen:** Bio-Früchteriegel, Agavendicksaft, Ahornsirup **sehr selten:** Honig, Zucker	industriell hergestellte Backwaren oder Süßwaren (enthalten viele Zusatzstoffe)
Obst	süße Apfelsorten, Aprikosen, Heidelbeeren, Mango, Wassermelone **nach individueller Verträglichkeit:** Birnen, Bananen (nicht zu reif)	saures Obst wie Erdbeeren, Johannisbeeren, Kiwis, Pfirsiche, Stachelbeeren, Zitrusfrüchte
Gemüse & Kräuter	Blattsalate, Brokkoli, verschiedene Kohlsorten, Kartoffeln, Kürbis, Mais, Mangold, Rote Bete, Salatgurke, Spargel, Zucchini; Pilze **nach individueller Verträglichkeit:** Bohnen, Erbsen, Linsen, Kichererbsen, Spinat	Auberginen, Knoblauch, Möhren, Rhabarber, Rettich, Sauerkraut, Sellerie, Sojabohnen/-sprossen (auch Tofu), Tomaten, Zwiebeln; Gemüsekonserven, eingelegtes Gemüse (Gurken, Zwiebeln); Keime und Sprossen, Schnittlauch und andere scharfe Kräuter
Nusskerne & Samen	Kürbiskerne, Mandeln, Pinienkerne, Sonnenblumenkerne	Erdnüsse (Erdnussbutter), Haselnüsse, Walnüsse und andere Nüsse
Fette & Öle	kalt gepresstes Pflanzenöl wie etwa Leinöl*, Hanföl*, Olivenöl; milchfreie Margarine, ungehärtetes Kokosfett	Walnussöl und andere Nussöle; Süßrahmbutter, Schweineschmalz; Essig-Öl-Dressing für Salate
Getränke (2 l am Tag)	Wasser, grüne Kräutertees (Brennnessel, Melisse, Brombeerblätter, Fenchel, Pfefferminze u. a.)	rote Kräuter- und Früchtetees, Softdrinks, Limonaden (auch Light-Produkte); Kaffee, Schwarztee, Kakao; Alkohol
Fisch & Meeresfrüchte		alle Fische und Meeresfrüchte
Wurstwaren & Fleisch (1–2 Portionen pro Woche)	Fleisch und Aufschnitt von Huhn, Pute, Rind, Lamm	Schweinefleisch und -wurst, scharf gewürzte Fleischwaren, Wurst mit Farb-, Aroma- oder Konservierungsstoffen
Eier Milch & Milchprodukte (2–3 Portionen pro Woche, 250–300 g), Käse	**nach individueller Verträglichkeit in Maßen:** Milch; fermentierte Milchprodukte (Joghurt bis 3,5 % Fett, Kefir, Buttermilch); Quark bis 20 % Fett, (Frisch-)Käse (am besten Bio-Produkte; Milch und Milchprodukte von Schaf und Ziege werden oft besser vertragen); alternativ Haferdrink, Mandeldrink, Reisdrink als Kuhmilchersatz	Hühnereier; lang gereifte Käse wie Parmesan, Brie, Camembert, Cheddar, Schimmelkäse; Produkte wie Kakao, Fruchtjoghurt/-quark, Pudding, Milchreis (enthalten Zucker und Zusatzstoffe)

* Herstellung unter Ausschluss von Sauerstoff, Hitze und Licht (Oxyguard-/Omega-Safe-Verfahren). Optimal wirken Leinöl und Weizenkeimöl kombiniert

Allergien: Wenn das Essen die Haut krank macht

Reagiert das Abwehrsystem auf Nahrungsmittel im Übermaß, kann eine Allergie mit juckendem Hautausschlag die Folge sein. Die beste Vorbeugung besteht darin, alle Allergieauslöser zu meiden. Doch wie kommt man ihnen auf die Spur? Ernährungs-Doc Anne Fleck gibt Auskunft.

Wie oft treten Lebensmittelallergien auf?

Etwa fünf Prozent der Bevölkerung leidet darunter. Dabei haben Lebensmittel- beziehungsweise Nahrungsmittelallergien dieselbe Ursache wie andere Allergien. Das Immunsystem reagiert überschießend auf eigentlich harmlose Ursachen.

Welche Nahrungsmittel lösen Allergien aus?

Prinzipiell können das alle. Gehäuft treten Allergien aber bei Kuhmilch- und Hühnereiweiß, Weizen und Nüssen auf, vor allem bei Kindern. Hautbeschwerden sind die häufigsten Folgen einer Lebensmittelallergie, aber nicht die einzigen Symptome. Es kann auch zu Durchfall, Atemnot oder Übelkeit kommen. Bei den Hautkrankheiten ist die allergische Nesselsucht besonders verbreitet, wird aber oft nicht erkannt.

Was ist Nesselsucht genau?

Nesselsucht oder auch Nesselfieber (medizinisch: Urticaria aus dem lateinischen *urtica* für „Brennnessel") ist eine krankhafte Reaktion der Haut, bei der es zu Rötungen, Quaddeln und Juckreiz kommt. Beim Verlauf wird zwischen einer akuten (dauert meist nur wenige Tage) und einer chronischen Urtikaria (hält länger als sechs Wochen an) unterschieden.

Was passiert dabei im Körper?

Als Reaktion auf Nahrungsmittel, Medikamente, Giftstoffe, Wärme, Kälte, Druck oder seelische Probleme bilden sich Quaddeln auf der Haut. Diese Symptome können auf Allergien hindeuten, aber auch bei Autoimmunerkrankungen oder Infektionen vorkommen. Meist lässt sich der Auslöser nicht eindeutig bestimmen. Bei der Diagnose Nesselsucht sollte der Arzt auch pseudoallergische Reaktionen in Betracht ziehen. Das sind Unverträglichkeiten, bei denen sich ähnliche Symptome zeigen wie bei Allergien, sich aber nicht feststellen lässt, worauf die Haut sensibel reagiert.

Wie geht der Arzt vor?

Als Auslöser solcher Reaktionen kommen Farbstoffe, Zusätze und Konservierungsstoffe infrage, die für die Betroffenen nicht ohne Weiteres erkennbar sind. Man muss Lebensmittel meiden, die solche Stoffe enthalten. Dazu zählen Fertiggerichte und Süßigkeiten, aber auch Gewürze, Obst und manche Gemüsesorten. Eine histaminarme Ernährung kann hilfreich sein.

Wie sieht histaminarme Ernährung aus?

Viel Histamin findet sich in Lebensmitteln, denen Hefe oder Bakterien zugesetzt wurden – wie Salami, Käse, Bier oder Wein. Wenn Lebensmittel länger gelagert werden, steigt ihr Gehalt an Histamin. Daher können genaue Histamingehalte oft nicht angegeben werden. Betroffene sollten daneben Lebensmittel mit hohem Gehalt an anderen biogenen Aminen meiden, wie Ananas, Bananen oder Kakao. Zitrusfrüchte, Erdbeeren, Tomaten, Alkohol und Meeresfrüchte sind zwar histaminarm, können aber im Körper gespeichertes Histamin freisetzen beziehungsweise aktivieren.

Wie findet man heraus, worauf jemand allergisch reagiert?

Hier ist oft Detektivarbeit gefragt. Bis Auslöser gefunden sind, kann es dauern. Am besten führen die Betroffenen ein Ernährungstagebuch, in das sie die Symptome eintragen. Verschwinden die Hautausschläge, ist der Auslöser entdeckt. Bringt das Weglassen nichts, steckt etwas anderes dahinter.

Woran sollte man bei der Auslösersuche mittels Auslassdiät noch denken?

Es gibt noch andere Nahrungsmittelallergien, deren Zusammenhang mit den Lebensmitteln man nicht auf den ersten Blick erkennt. Wenn jemand Tiermilch und daraus hergestellte Produkte nicht verträgt, sollte er auch Sahne, Butter oder Käse meiden. Wer eine Latexallergie hat, reagiert eventuell auch auf rohe Bananen oder Avocado. Bei birkenpollenassoziierten Lebensmittelallergien können Sellerie, Möhren, Haselnüsse oder Soja allergische Reaktionen auslösen. Man spricht in solchen Fällen von Kreuzallergien.

Wie lässt sich das Immunsystem stärken, damit die Haut gesund bleibt?

Der Darm ist ein sehr wichtiges Organ für die Haut. Ist die Darmflora (Mikrobiom, siehe Seite 11) gestört, wirkt sich das wie ein Krankmacher und Allergieauslöser im ganzen Körper aus. Darmgesundes Essen fördert gute Bakterien, hält das Mikrobiom im Gleichgewicht und verhindert chronische Entzündungen.

Was zeichnet darmgesundes Essen aus?

Es sollte reich an Ballaststoffen und möglichst vielfältig sein, also eine ausgewogene Mischung aus Kohlenhydraten, Eiweiß und Fett bieten. Entzündungshemmende Omega-3-Fettsäuren aus fetten Seefischen (Wildlachs, Hering, Makrele) und hochwertigen Pflanzenölen (Lein-, Weizenkeim-, Walnuss- oder Hanföl aus Omega-geschützter Herstellung) gehören ebenfalls dazu. Zucker und schlechte Kohlenhydrate sollte man so weit wie möglich minimieren oder ganz weglassen. Präbiotika dürfen hingegen reichlich auf den Teller, sie sind „Futter" für gute Darmbakterien.

Welche Lebensmittel enthalten Präbiotika?

Präbiotika sind bestimmte Ballaststoffe wie Inulin. Exzellente Quellen dafür sind Topinambur (er enthält bis zu 35 Prozent Inulin), Artischockenherzen (15 Prozent), Chicorée (17 Prozent) und Schwarzwurzeln (13 Prozent). Auch Zwiebeln, Knoblauch, Spargel, Lauch, Pastinaken und Endiviensalat sind gute Präbiotika. Vorsicht ist bei Patienten mit einer Fruktoseintoleranz oder -malabsorption geboten. Da sollte man die Reaktion auf Inulin austesten. Für die Betroffenen sind gemahlene Flohsamenschalen dann eine sehr gute Alternative. Nicht zu vergessen: Auch Probiotika, die von den genannten Präbiotika leben, wirken gesundheitsfördernd auf den Darm.

Was hat es damit auf sich?

Probiotika sind lebende Mikroorganismen, die sich in fermentierten Lebensmitteln finden. Beim Fermentieren werden Nahrungsmittel nicht nur länger haltbar gemacht, sondern der Prozess bringt auch noch gesundheitliche Vorteile für den Darm. So entsteht dabei Milchsäure, die gärt und schlechte Bakterien ausschaltet. Zu den probiotischen Lebensmitteln gehören Joghurt, frisches Sauerkraut, Kefir oder Tempeh. Bei Bedarf gibt es Probiotika auch als Nahrungsergänzungsmittel in Form von Kapseln oder Tropfen.

Schuppenflechte: Hautkrankheit mit gefährlichen Begleitern

Die Hauterkrankung macht den Betroffenen nicht nur mit juckenden Ausschlägen zu schaffen. Schuppenflechte kann auch die Gelenke und andere Organe schädigen und das Herzinfarktrisiko erhöhen. Eine Ernährungsumstellung hilft ohne Nebenwirkungen.

Hautausschlag ist unangenehm. Er sieht nicht schön aus und quält die Betroffenen meist mit heftigem Juckreiz. Bei der erblich bedingten, chronisch-entzündlichen Schuppenflechte (medizinisch: Psoriasis) geht es in vielen Fällen um mehr. Denn die Patienten bekommen Begleiterscheinungen, die den Leidensdruck verstärken und zu lebensbedrohlichen Erkrankungen führen können. Beim sogenannten psoriatischen Marsch, also beim Weg der Schuppenflechte von der Haut bis zum Herzen, können Gelenke und Organe in Mitleidenschaft gezogen werden und schwerwiegende Krankheiten entstehen. Dazu gehören Arterienverkalkung, entzündliche Darmerkrankungen, Herz-Kreislauf-Beschwerden, Gelenkprobleme, Insulinresistenz, Leberverfettung, Bluthochdruck, Schlaganfall und Herzinfarkt. Die Augen können sich ebenfalls infolge einer Schuppenflechte entzünden, was – unbehandelt – möglicherweise zu bleibenden Schäden führt.

Die Haut erneuert sich viel zu schnell

Wie auch bei anderen Hautkrankheiten vermuten Wissenschaftler, dass sich das Immunsystem bei Psoriasis gegen den eigenen Körper richtet. Abwehrzellen und aggressive Botenstoffe gelangen in die Hautzellen und lösen Entzündungen aus, die die Haut unkontrolliert wachsen lassen. Im Körper der Betroffenen wandern die Zellen in hohem Tempo (siebenmal schneller als bei gesunder Haut) an die Oberfläche. Innerhalb von vier Tagen erneuert sich die Haut (normalerweise braucht sie dafür 28 Tage). Da sie nach so kurzer Zeit nicht vollständig ausgebildet ist, entsteht der schuppige Ausschlag mit roten, juckenden Flecken, die auf leicht erhöhten Flächen sitzen und von glänzenden weißen Schuppen und Pusteln überzogen sind. Typische Symptome sind gerötete Stellen und schuppende Haut auf einzelnen Körperregionen wie den Armen, Beinen oder dem Kopf. Übergewicht, zu viel Alkohol, Rauchen, Tätowierungen, Zahnfleischentzündungen, Infektionen, Umweltgifte, bestimmte Medikamente, Sonnenbrand und übermäßiger Stress gelten als Risikofaktoren. Oftmals liegt die Ursache auch in den Genen. Psoriasis ist nicht heilbar, ihre Intensität lässt sich aber mildern und das Abheilen beschleunigen.

Eine besonders schwere Krankheit

Meist trifft es Menschen vor dem 40. Lebensjahr am stärksten. Bricht die Krankheit erst in der zweiten Lebenshälfte aus, ist der Verlauf in der Regel milder. In Deutschland leiden etwa zwei Millionen Menschen an Schuppenflechte. Weltweit wird die Zahl der Betroffenen auf 125 Millionen geschätzt. Um ihnen besser helfen zu können, hat die Weltgesundheitsorganisation (WHO) im Jahr 2014 beschlossen, Psoriasis als fünfte nicht infektiöse Krankheit in die Liste der besonders schweren Krankheiten aufzunehmen. Das Ziel dabei: Schuppenflechte soll genauso beachtet werden wie Atemwegs- und Herz-Kreislauf-Erkrankungen, Diabetes und Krebs. Daran scheitert es bisher noch. Experten schätzen, dass ein Großteil der Betroffenen (80 Prozent) nicht zufriedenstellend behandelt werden. Da ist es kein Wunder, dass jeder Dritte Folgeerkrankungen bekommt.

Weniger Gewicht und weniger Entzündungen

Maren G. leidet seit 16 Jahren an Schuppenflechte. Mit den richtigen Lebensmitteln schafft sie endlich die Wende.

Anne Fleck betrachtet die kranke Haut am Unterarm ihrer Patientin Maren G.

„Bei diesem Juckreiz muss ich mich wirklich anstrengen, um mich nicht total blutig zu kratzen", sagt Maren G. und reibt sich über die Haut am Unterarm. Dort hat sie leicht erhabene großflächige Flecken, die mit weißen Schuppen und Pusteln übersät sind. Doch die Schuppenflechte ist nicht ihr einziges Problem. Mit 136 Kilo hat die 66-Jährige starkes Übergewicht und Gelenkbeschwerden. Alles begann vor 16 Jahren in einer sehr belastenden Lebensphase. Maren G. war als Krankenschwester Vollzeit berufstätig. Die Arbeit wurde immer anstrengender bei weniger Personal und zu Hause warteten Haushalt und ein Kind, das sie allein erzog. Heute ist sie in Rente und hat zwei Enkel. Sie hätte Zeit, endlich besser für sich selbst zu sorgen, doch sie kann sich einfach nicht aufraffen. Dabei würde sie so gerne eine „flotte Großmutter" werden.

Geringere Lebenserwartung

Ernährungs-Doc Anne Fleck warnt: Maren G. ist so krank, dass sich ihre Lebenserwartung verringert, wenn sie ihren Lebensstil nicht radikal ändert. Die ehemalige Krankenschwester möchte das ohne Medikamente schaffen und stattdessen auf besseres Essen setzen. Eine echte Herausforderung, denn die Patientin muss gleichzeitig den Hautausschlag bekämpfen, Gewicht reduzieren und ihr Herz schützen. Das Ernährungsprotokoll zeigt eindeutig: Sie isst zu viel, zu häufig und das Falsche, wie Anne Fleck am Beispiel eines panierten Schnitzels mit Remouladensauce und Kartoffelsalat erklärt. Es ist eine viel zu große Menge mit der ungünstigen Kombination aus ungesunden Fetten und Kohlenhydraten. „Nichts davon ist gut für Sie", sagt Anne Fleck. Besser: dreimal pro Woche Fisch mit antientzündlichen Fettsäuren (Makrele, Hering, Wildlachs), drei Mahlzeiten täglich ohne Zwischendurch-Snacks und abends nur einen eiweißbetonten Shake mit Weizenkeimöl (enthält Vitamin E, das gut für die Haut ist). Fürs Herz gibt es Weißdorntee, der die Gefäßdurchblutung verbessert.

Große Verwandlung in nur vier Monaten

Mit einem Schrittzähler muss Maren G. in die Gänge kommen. Sie ist motiviert und hält durch: kein Brot mehr, keinen Zucker, nur noch drei Mahlzeiten, Proteinshakes wie empfohlen, nicht mehr kochen wie gewohnt („immer alles mit Sauce und Sahne"), sondern Gemüse und Fisch. Mit mehr Bewegung hat sie begonnen, gibt aber selbstkritisch zu: „Da müsste ich noch ein bisschen zulegen." Nach vier Monaten überrascht sie trotzdem mit einer großen Verwandlung: Jucken? Kaum noch vorhanden. Der Ausschlag ist zurückgegangen. Die Rentnerin wiegt 17 Kilo weniger. In messbaren Zahlen, dem sogenannten Krankheitsaktivitätswert, hat sich die Schuppenflechte von 28,5 auf 12,2 verbessert. Maren G. ist begeistert: „Echt super."

Gute Pflege und viel Luft

Auch in beschwerdefreien Zeiten sollten die Betroffenen ihre Haut gut pflegen. Erkundigen Sie sich beim Facharzt über Pflegeprodukte mit neuen Wirkstoffen und lassen Sie möglichst oft Licht und Luft an die Haut. Ein Bad mit Salzzusatz (Solebad) wirkt lindernd. Gegen zu starkes Zellwachstum werden manchmal auch Medikamente eingesetzt. In einigen Fällen sind Bestrahlungen mit UV-Licht empfehlenswert. Doch viele Patienten wollen es lieber erst einmal mit sanften Maßnahmen versuchen. Dazu zählt vor allem die Ernährung, denn eine Umstellung kann auch in allen anderen Bereichen des Lebens helfen und das Risiko möglicher Folgeerkrankungen senken. Das gilt vor allem, wenn die Schuppenflechte mit starkem Übergewicht einhergeht. Insbesondere ein großer Bauchumfang ist gefährlich, denn in diesem Fettgewebe entstehen oft Entzündungsstoffe, die Hautkrankheiten befeuern. Je mehr Bauchfett vorhanden ist, desto mehr Botenstoffe setzt es frei, die sich auch in anderen Bereichen negativ auf die Gesundheit auswirken.

Antientzündliche Ernährung

Eine Umstellung der Ernährung kann äußerst wirksam und dazu frei von unerwünschten Nebenwirkungen sein. Jeder Betroffene sollte selbst ausprobieren, auf welche Lebensmittel die Haut reagiert. Wie bei anderen Hauterkrankungen gibt es auch bei der Schuppenflechte Empfehlungen, die für alle gelten und sich im Rahmen von Studien bestätigt haben. So kann es zum Beispiel die Haut verbessern, wenn man den Konsum von Fleisch (vor allem vom Schwein), Eigelb und fettreichen Milchprodukten reduziert, denn diese enthalten entzündungsfördernde Arachidonsäure (siehe Seite 52). Auf dem Speiseplan sollten vor allem Gemüse, gutes Eiweiß (zum Beispiel aus Nüssen und Hülsenfrüchten) und zuckerarmes Obst stehen. Bei akuten Schüben hilft Gemüse mit seinen Antioxidantien insbesondere als Rohkost gegen Entzündungen. Für die Versorgung mit gesunden Fetten bieten sich pflanzliche Öle wie Lein- und Weizenkeimöl als Vitamin-E-Quellen und fetthaltige Fische (wie Lachs, Hering und Makrele) für reichlich Vitamin D an.

Lebensmittelauswahl bei Schuppenflechte

	Empfehlenswert	Nicht empfehlenswert
Getreide wie Brot & Beilagen wie Nudeln, Kartoffeln, Reis (nicht mehr als 2 Handvoll am Tag)	Vollkornbrot – bevorzugte Getreidesorte: Dinkel; Haferflocken, Müsli ohne Zucker; Vollkornnudeln, Vollkornreis, Pellkartoffeln	Weißbrot, Toastbrot, Croissant, Knäckebrot, Zwieback, Weizen- und Milchbrötchen, Laugengebäck; Hartweizennudeln, geschälter Reis, Pommes, Kroketten, Kartoffelbrei, Pfannkuchen, Kartoffelpuffer
Snacks & Knabbereien (bei Bedarf, max. 1 kleine Handvoll am Tag)	selten: Zartbitterschokolade (mit mind. 70 % Kakaoanteil)	Süßigkeiten, süße Backwaren, süße Milchprodukte (s. rechts), Eiscreme; Chips, Salzgebäck
Nusskerne & Samen (ca. 20 g am Tag)	Cashewkerne, Haselnüsse, Macadamianüsse, Mandeln, Kürbiskerne, Pinienkerne, Sonnenblumenkerne, Walnüsse	Erdnüsse (Erdnussbutter) und gesalzene Nüsse

Obst (1–2 Portionen am Tag, 1 große Handvoll)	Apfel, Aprikosen, Brombeere, Clementinen, Erdbeeren, Grapefruit, Heidelbeeren, Himbeeren, Johannisbeeren, Sauerkirschen, Kiwi, Nektarine, Papaya, Orange, Pflaumen, Pfirsiche, Stachelbeeren, Wassermelone, Zwetschgen **in Maßen:** Ananas, Banane, Mango **selten:** Birne, Honigmelone, Kaki (Sharon), Kirschen, Physalis, Weintrauben	gezuckerte Obstkonserven und Obstmus, kandiertes Trockenobst
Gemüse (3 Portionen am Tag)	alle Salatsorten (gern mit Bitterstoffen wie Löwenzahn); Blätter von Roter Bete, Kohlrabi, Möhrengrün in Smoothies; Bohnen, Erbsen, Linsen, Kichererbsen, Sojabohnen; Artischocken, Fenchel, alle Kohlarten, Möhren, Radieschen, Salatgurke, Sauerkraut, Spargel, Spinat, Zucchini, alle Pilzarten **nach individueller Verträglichkeit:** Auberginen, Paprika (v. a. grüne), Tomaten*	tiefgekühltes Gemüse mit Butter oder Sahne
Fette & Öle (ca. 2 EL am Tag)	Weizenkeimöl** (enthält viel Vitamin E), Leinöl**, Olivenöl, Rapskernöl, Walnussöl	Schweine- und Gänseschmalz, Butterschmalz, Palmfett, Mayonnaise; Sonnenblumenöl, Distelöl
Getränke (2–3 l am Tag)	Wasser, ungezuckerter Tee (v. a. grüner Tee und Basentee); bis zu 3 Tassen Kaffee	Fruchtsaft, Softdrinks, Milchmixgetränke (s. u.); Alkohol
Fisch & Meeresfrüchte (2 Portionen pro Woche)	Aal, Forelle, Heilbutt, Hering, Kabeljau, Karpfen, Lachs, Makrele, Sardine/Sardellen, Scholle, Seezunge, Steinbutt, Thunfisch; Schalentiere wie Flusskrebs, Garnele, Hummer, Shrimps, Krabben	Fisch in Mayonnaise oder Sahne eingelegt; panierter Fisch
Wurstwaren & Fleisch (1–2 Portionen pro Woche, ca. 100 g)	**in Maßen:** Hühnerfleisch, Putenfleisch/-aufschnitt **selten:** Rind-, Kalbfleisch, Wild, Corned Beef	generell Schweinefleisch wie Schinkenspeck, Fleischkäse/Leberkäse, Nackenfleisch, Bauchspeck und Wurstwaren (Aufschnitt, Koch-, Grill-, Brat- oder Bockwurst); paniertes Fleisch
Eier	Bio-Eier (max. 2 pro Woche)	
Milch & Milchprodukte, Käse	**in Maßen:** Sahne, Schmand, Crème fraîche, Milch (1,5% Fett), Buttermilch, Quark (bis 20% Fett), Naturjoghurt (bis 3,5% Fett); (am besten Bio-Produkte); alternativ Reis-, Hafer- und Mandeldrink als Kuhmilchersatz **selten: Käse bis 45 % Fett i. Tr.:** Schnittkäse, Weichkäse, Feta, Mozzarella; körniger Frischkäse	Pudding, Milchreis, Fruchtjoghurt, Fruchtquark, Sahnequark, Kakaozubereitungen, Fruchtbuttermilch

* Viele Psoriatiker vertragen Nachtschattengewächse wie Auberginen, Paprika (v. a. grüne) und Tomaten

** Herstellung unter Ausschluss von Sauerstoff, Hitze und Licht (Oxyguard-/Omega-Safe-Verfahren). Optimal wirken Leinöl und Weizenkeimöl kombiniert

Rosazea: Gesichtsrötungen als chronische Krankheit

Wenn die Haut sprichwörtlich aufblüht wie eine Rose, ist das für die Betroffenen alles andere als schön. Etwa vier Millionen Menschen leiden an der Hautkrankheit Rosazea. Die richtige Ernährung kann Symptome mildern und neue Schübe verhindern.

Meist tritt die Krankheit ausgerechnet da auf, wo sie sich nicht verbergen lässt: mitten im Gesicht. Das ist für die Betroffenen besonders unangenehm. Die feinen Äderchen der Haut sind an der Nase, am Kinn, an den Wangen und an der Stirn erweitert. Die Hautpartien reagieren in diesem Bereich mit Rötungen. Es können auch knotige Verdickungen vor allem an der Nase entstehen, die dazu führen, dass die Nase geschwollen aussieht und umgangssprachlich höchst uncharmant als Knollennase bezeichnet wird. Die Betroffenen (unter Verdickungen und Rötungen an der Nase leiden überwiegend Männer) blicken oft hilflos in den Spiegel. Sie haben das Gefühl, dass sich nichts dagegen tun lässt.

Dass es sich um eine chronische Krankheit handelt, wissen viele gar nicht. Auch das Umfeld reagiert aus Unwissenheit oftmals mit unangemessenen Kommentaren wie „Das kommt von zu viel Alkohol", obwohl die Entstehung von Rosazea damit nicht unbedingt in Verbindung steht. Weil das Krankheitsbild immer noch wenig bekannt ist, befindet sich nur jeder zehnte Betroffene in ärztlicher Behandlung.

Eine nicht ansteckende Hautkrankheit

Rosazea, abgeleitet vom lateinischen *rosaceus* für „rosenfarbig", wird auch „Kupferrose" oder auf Englisch *Rosacea* genannt. Es handelt sich dabei um eine chronische, nicht ansteckende Hautkrankheit. Vier bis fünf Prozent der gesamten Bevölkerung sind betroffen, darunter weit häufiger Frauen mit heller Haut und heller Augenfarbe. Dafür sind bei den Männern die Symptome stärker ausgeprägt. Tritt Rosazea in der Familie auf, ist das Risiko erhöht. Die Erkrankung zeigt sich meist zwischen dem 30. und 50. Lebensjahr. Errötet jemand schon in jüngeren Jahren gelegentlich für einen längeren Zeitraum im Gesicht, kann das ein Hinweis auf Rosazea sein. Bisher gibt es keine Medikamente, die die Erkrankung dauerhaft eindämmen oder ganz heilen können.

Schwierige Ursachenforschung

Die Ursachen der Rosazea konnten noch nicht eindeutig geklärt werden. Es kommen verschiedene Möglichkeiten in Betracht. Zum Beispiel:

+ Die Haut der Betroffenen reagiert auf die Haarbalgmilbe (lateinisch: *Demodex folliculorum*), die bei Menschen mit Rosazea verstärkt auftritt. Die Milbe, die auch bei gesunder Haut in Haarfollikeln lebt, ist normalerweise harmlos. Sie spielt allerdings bei Entzündungen eine besondere Rolle. Denn wenn die Haut dicht mit Haarbalgmilben besiedelt ist, kann es zu Rötungen, Pickeln oder Knoten kommen. Bei Rosazea-Erkrankten konnte eine Immunreaktion auf die Haarbalgmilbe nachgewiesen werden. An geeigneten Behandlungen wird noch geforscht.
+ Möglicherweise gibt es einen Zusammenhang mit Sonneneinstrahlung. Ist die Gesichtshaut durch zu viel Sonne chronisch geschädigt, kommt es verstärkt zu Gefäßerweiterungen und Entzündungen. Auch Kälte, starker Wind und Hitze tun der Haut nicht gut.

Gesunde Haut durch Fasten und antientzündliche Ernährung

Rote Stellen und blutig gekratzte Haut im Gesicht machten Kornelia K. schwer zu schaffen – bis sie ihre Ernährung umstellte.

Nach außen versuchte sie, sich nichts anmerken zu lassen. Doch das täuschte: „In mir drin sah es ganz anders aus." Kornelia K. litt nicht nur unter starken Rötungen und Verletzungen im Gesicht. Sie hatte auch das Gefühl, dass alle Menschen sie deshalb anguckten. Das belastete die 55-Jährige zusätzlich zu dem starken Juckreiz und den Schmerzen, die die Hautkrankheit Rosazea bei ihr verursachten. Nachts musste sie sich oft so stark kratzen, dass offene blutige Stellen im Gesicht entstanden. Der morgendliche Blick in den Spiegel war besonders schlimm. Es war „zum Weglaufen", wie sie selbst sagt. Eine Antibiotikacreme, die ihr der Hautarzt verschrieben hatte, wirkte nur kurzfristig. Die Rosazea blieb hartnäckig.

Die Ernährungs-Docs setzten auf eine ganz andere Strategie: anders essen und Gewicht abbauen. Jörn Klasen warnte vor allem vor zu viel Bauchfett. Denn das sendet Botenstoffe aus, die Entzündungen fördern. Das Ziel für Kornelia K.: den Bauchumfang, der bei 102 Zentimetern lag, um 14 Zentimeter zu verringern. Die Entzündungen im Gesicht, so lernte die Gewerkschaftsangestellte, seien eine Art Warnstreik des Körpers. Das sogenannte Intervallfasten nach der 5:2-Methode (siehe Seite 48) erschien den Ernährungs-Docs als optimale Therapie. Das heißt, dass an fünf Tagen in der Woche normale Kost auf den Tisch kommt und an zwei Tagen nicht mehr als 800 Kilokalorien gegessen werden. Diese Form des Fastens, ohne zu hungern, bringt die sogenannte Autophagie in Schwung, bei der der Körper – vereinfacht gesagt – seine kaputten Zellen selbst verzehrt.

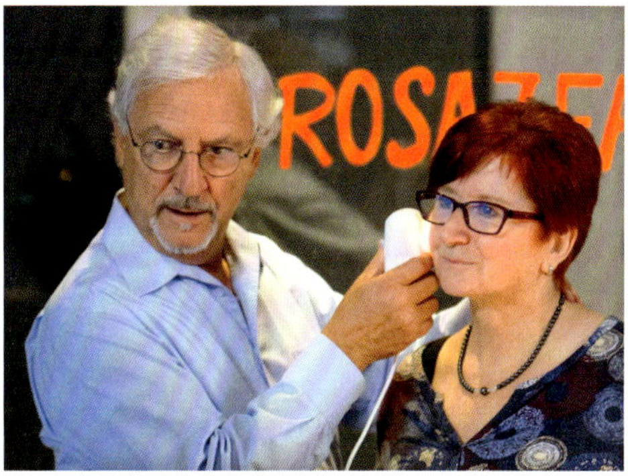

Haut-Check: Jörn Klasen vergrößert die betroffenen Hautstellen mit einer Spezialkamera.

Verzicht auf Weizen, Zucker und Milch

Beim Erstellen ihres Ernährungsprotokolls erkannte Kornelia K., was ihr bis dahin nicht bewusst war: „Ich habe nicht viel Gutes gegessen und nicht darüber nachgedacht, was das Hineinstopfen für meinen Körper bedeutet." Ein Großteil ihrer täglichen Ernährung enthielt reichlich Weizen, Zucker und Milch. Genau darauf sollte sie ab jetzt verzichten. Zuerst war es für Kornelia K. unvorstellbar, morgens ohne Schokolade aus dem Haus zu gehen. Doch mit der Zeit konnte sie sich sogar an Spinat gewöhnen. Viel Gemüse, gesunde Fette, kein Zucker, kein Weizen, keine Milch und Intervallfasten zeigten schnell Wirkung. Kornelias Gesichtshaut wurde deutlich besser. „Sie sind der lebende Beweis für die Wirkung von Fastentagen", sagt Jörn Klasen beim ersten Check. „Machen Sie weiter so." Das tat die Patientin. Fünf Monate später sah der Doc nur noch „kleine Stellen im Gesicht, die nicht der Rede wert sind". Kornelia K. hatte einen Bauchumfang von 86 Zentimetern und 17 Kilo verloren. „Es ging fast wie von selbst", sagt sie. „Ich bin einfach nur glücklich."

- Forschungen lassen vermuten, dass ein fehlgeleitetes Immunsystem, das möglicherweise angeboren ist, Eiweißteile (Peptide) enthält, die ebenfalls für Entzündungen sorgen könnten.
- Obwohl die Patienten sehr individuell auf verschiedene Lebensmittel reagieren, hat sich gezeigt, dass in vielen Fällen bestimmte Nahrungs- und Genussmittel Schübe auslösen. Daraus lassen sich einige allgemeine Ernährungsregeln ableiten (siehe Kasten rechts).
- Alkohol kann einen Schub auslösen oder die Symptome verstärken. Er ist aber nicht die Ursache für Rosazea, wie es häufig angenommen und den Betroffenen fälschlicherweise vorgehalten wird.
- Stress, Kosmetika oder Medikamente können die Symptome ebenfalls verschlechtern und sollten immer individuell betrachtet werden.

Verschiedene Formen und Stadien

Ärzte unterscheiden verschiedene Formen und Stadien der Hautkrankheit; die Verläufe sind aber individuell unterschiedlich. Es muss nicht zwangsläufig ein Schritt auf den anderen erfolgen. Die meisten Betroffenen leiden an Mischformen. Von Typ 1 spricht man, wenn die Haut an den Wangen und an der Nase errötet ist und erweiterte Äderchen sichtbar sind. Kommt es zu Knötchen (Papeln) und mit Eiter gefüllten Bläschen (Pusteln), liegt Rosazea Typ 2 vor. Hautverdickungen und Knoten insbesondere an der Nase weisen auf Typ 3 hin. Sind die Augen und die Augenlider ebenfalls entzündet, spricht der Arzt von Typ 4.

Um die Diagnose zu stellen, reicht meist eine äußerliche Untersuchung. Der Arzt erkundigt sich nach der Krankheitsgeschichte und nach bekannten Auslösern. Mit dem bloßen Auge oder mithilfe von Vergrößerungsgeräten sind die Symptome meist eindeutig zu erkennen. Nur in seltenen Fällen werden Blut- oder Hautproben entnommen. Greift die Krankheit auf die Augen über, sollte ein Augenarzt hinzugezogen werden.

Die besten Tipps bei Rosazea

Als äußerst wirksame Behandlung hat sich eine Ernährungsumstellung erwiesen. Häufig profitieren die Betroffenen in mehrfacher Hinsicht davon. Dabei gelten einige Regeln:

- Essen und trinken Sie nicht zu heiß, zu scharf und zu süß.
- Meiden Sie Schweinefleisch, Wurstwaren und Kuhmilch – sie enthalten Arachidonsäure, die Entzündungen begünstigt.
- Verzichten Sie auf Weizen und Weißmehlprodukte sowie Geschmacksverstärker.
- Gemüse, Eiweiß (aus Nüssen und Hülsenfrüchten), gute Öle und Lebensmittel mit einem niedrigen glykämischen Index sind besonders günstig.
- Pflegen Sie die Darmflora (siehe Seite 11).
- Trinken Sie vor allem Wasser und ungezuckerten Kräutertee (wie Löwenzahn, Brennnessel, Fenchel, Schafgarbe). Meiden Sie Fruchtsäfte, Softdrinks, Milchmixgetränke und Sojadrinks. Kaffee in Maßen (pro Tag 1 große Tasse) ist erlaubt.
- Verzichten Sie auf Alkohol, denn der wirkt gefäßerweiternd.
- Greifen Sie zu kalten Getränken oder zu einem Eiswürfel zum Lutschen, wenn Ihr Gesicht akut errötet.
- Führen Sie ein Ernährungstagebuch, um mögliche Auslöser zu finden.
- Bauen Sie Übergewicht ab. Das kann die Leber entlasten und die Krankheit verbessern.
- Schützen Sie Ihre Haut vor starker Sonne.
- Bewegen Sie sich viel im Freien, ohne sich dabei übermäßig anzustrengen. Das stärkt die Abwehrkräfte und unterstützt den Abbau von Stress. Entspannen Sie bewusst!

Lebensmittelauswahl bei Rosazea

	Empfehlenswert	Nicht empfehlenswert
Getreide, Brot & Beilagen (nicht mehr als 2 Handvoll pro Tag)	Vollkornbrot (bevorzugt aus Hafer, Dinkel, Roggen, Reis, Mais); Müslis und (Pseudo-)Getreideprodukte aus Hafer, Dinkel, Buchweizen, Hirse, Amarant, Quinoa oder Samen wie Leinsamen, Flohsamen; Kartoffeln, Reis, Reisnudeln, Mais, Polenta, Maisnudeln; Glasnudeln, Buchweizennudeln (Soba)	Weißbrot, Toastbrot, Croissant, Knäckebrot, Zwieback, Weizen- und Milchbrötchen, Laugengebäck; Hartweizennudeln, Couscous, Bulgur, geschälter Reis, Pommes, Kroketten, Kartoffelbrei, Pfannkuchen, Kartoffelpuffer; Fast Food, Fertigprodukte
Knabbereien & Snacks		Süßigkeiten, süße Backwaren, süße Milchprodukte, Eiscreme; Chips, Salzgebäck
Obst (1–2 Portionen am Tag, 1 große Handvoll)	zuckerarmes Obst wie Apfel, Aprikosen, Beeren, Clementinen, Nektarine, Orange, Papaya, Pflaumen, Pfirsich, Sauerkirschen, Wassermelone, Zwetschgen; **in Maßen: zuckerreiches Obst:** Ananas, Banane, Birne, Honigmelone, Kaki (Sharon), Süßkirschen, Mango, Weintrauben	gezuckerte Obstkonserven und Obstmus, kandiertes Trockenobst
Gemüse (3 Handvoll am Tag)	alle Salatsorten, Löwenzahn, Blätter von Roter Bete/Kohlrabi, Möhrengrün in **Smoothies;** Bohnen, Linsen, Erbsen, Kichererbsen; Artischocken, Fenchel, alle Kohlarten, Möhren, Salatgurke, Sauerkraut, Spargel, Spinat, Zucchini; Pilze	**in Maßen:** tiefgekühltes Gemüse mit Butter oder Sahne; Sojabohnen und -sprossen (Tofu)
Nusskerne & Samen (ca. 20 g am Tag)	Cashewkerne, Haselnüsse, Macadamianüsse, Mandeln, Kürbiskerne, Pinienkerne, Sonnenblumenkerne, Walnüsse	Erdnüsse (Erdnussbutter) und gesalzene Nüsse
Fette & Öle (ca. 2 EL pro Tag)	Leinöl*, Weizenkeimöl*, Olivenöl, Rapskernöl, Walnussöl **in Maßen:** Butter	Schweine- und Gänseschmalz, Butterschmalz, Palmfett, Mayonnaise; Sonnenblumenöl, Distelöl
Fisch & Meeresfrüchte	Aal, Forelle, Heilbutt, Hering, Kabeljau, Karpfen, Lachs, Makrele, Sardine/Sardellen, Scholle, Seezunge, Steinbutt, Thunfisch; Schalentiere wie Flusskrebs, Garnele, Hummer, Shrimps, Krabben	Fisch in Mayonnaise oder Sahne eingelegt; panierter Fisch
Wurstwaren & Fleisch (max. 1–2 Portionen pro Woche)	**in Maßen:** Putenfleisch, -aufschnitt, Hühnerfleisch **selten:** Rinderfilet, Kalbfleisch oder Wild; Corned Beef	generell Schweinefleisch wie Schinkenspeck, Fleischkäse/ Leberkäse, Nackenfleisch, Bauchspeck und Wurstwaren (ob Aufschnitt, Koch-, Grill-, Brat- oder Bockwurst); paniertes Fleisch
Eier Milch & Milchprodukte, Käse	Bio-Eier (max. 2 pro Woche) **in Maßen:** Naturjoghurt (bis 3,5 % Fett), Quark (bis 20 % Fett), Käse alternativ Reis-, Hafer- und Mandeldrink als Kuhmilchersatz	Kuhmilch, Sahne; gesüßte Fertigprodukte wie Pudding, Milchreis, Kakaozubereitungen

* Herstellung unter Ausschluss von Sauerstoff, Hitze und Licht (Oxyguard-/Omega-Safe-Verfahren)

Verblüffendes aus der Forschung

Unsere Haut ist erstaunlich vielseitig. Ob sie Gerüche abgibt, die auf Krankheiten hinweisen, ihr eigenes Antibiotikum bildet oder lauscht, was jemand sagt – mit all ihren Fähigkeiten ruft sie immer wieder Wissenschaftler auf den Plan.

Hautkrebs lässt sich erschnüffeln

Forscher konnten feststellen, dass bestimmte Hautkrebsarten riechbar sind. Wissenschaftler des Monell Chemical Senses Center in Philadelphia entnahmen Gewebeproben direkt über einem Tumor und stellten fest, dass diese sich von anderen Proben in Sachen Geruch unterscheiden. Für die menschliche Nase ist das allerdings nicht wahrnehmbar. Die US-Forscher arbeiteten deshalb mit einem technischen Gerät, das flüchtige Stoffe auch in kleinen Mengen erkennen kann.

Eigenes Antibiotikum

Die Haut kann ihr eigenes Antibiotikum bilden. Tübinger Forscher entdeckten im Schweiß ein natürliches Antibiotikum namens Dermcidin, das nicht nur bei Entzündungen auftritt, sondern immer in der Schweißflüssigkeit enthalten ist. Dermcidin beugt Infektionen vor und bildet eine Schutzschicht auf der Haut.

Die Schutzhülle profitiert von der Liebe

Eine amerikanische Studie brachte es an den Tag: Wer in einer guten Beziehung lebt, hat gesündere Haut. Das liegt möglicherweise daran, dass Menschen, die sich mögen, besser auf gefährliche Hautveränderungen beim Partner achten. Im Rahmen der Studie lernte die eine Hälfte der Probanden, wie man die eigene Haut kontrolliert. Die andere Hälfte nahm sich nicht nur die eigene, sondern auch die Haut des Partners vor. Wenn beide Partner das Hautcheck-Programm absolvieren, sind die Resultate am besten. Singles oder Paare in unglücklichen Beziehungen entdeckten seltener Hautveränderungen.

Aerotaktil: Die Haut hört mit

Hätten Sie vermutet, dass unsere Haut hören kann? Warum das so ist? Beim Sprechen produzieren wir kleine Luftstöße, die auf der Haut spürbar sind. Im Rahmen eines Experiments bekamen Probanden schalldichte Kopfhörer, während in der Nähe der Fußknöchel, des Nackens und der Hände Geräusche erzeugt wurden. Tatsächlich konnten die Versuchsteilnehmer die Töne in Form von Luftstößen über die Haut wahrnehmen. Es gelang ihnen, Laute wie „pa“ und „ta“ von „ba“ und „da“ zu unterscheiden, da die einen mit Luftstrom, die anderen ohne gesprochen werden. Das nennt man aerotaktiles Hören.

Kakao macht schön

Kakao schmeckt nicht nur, er ist auch ein Segen für die Haut. Zu dieser Erkenntnis kamen deutsche Forscher in einer Studie. Kakao, der reich an Flavanolen, Epicatechin und Catechin ist, senkt das Sonnenbrandrisiko und macht die Haut glatter und feuchter, weil die Durchblutung verbessert wird.

Lockstoffe in der Haut

Ob Mann und Frau sich gegenseitig anziehen, das hängt auch vom jeweiligen spezifischen Duft ab. Sexualforscher stellten fest, dass Frauen besonders interessiert reagieren, wenn ein Mann bestimmte Hormone (sogenannte Pheromone = Sexuallockstoffe) über die Haut abgibt, die ein Immunsystem signalisieren, das anders ist als das der Frauen. Das soll die Wahrscheinlichkeit für eine Schwangerschaft erhöhen und die Vielfalt der Gene vergrößern. Parfümhersteller haben bereits Düfte mit Pheromonen entwickelt, deren Wirkung allerdings noch nicht belegt werden konnte.

Körper und Seele behandeln

Fast jeder dritte Europäer mit Hauterkrankungen leidet auch unter psychischen Problemen, ergab eine Studie der Universität Oslo. Bei Menschen mit Depressionen ist der Anteil derer, die Hautprobleme haben, doppelt so hoch wie bei Kontrollgruppen ohne Depressionen. Auch starke Ängste und Suizidgedanken treten häufiger auf, wenn die eigene Schutzhülle einem zu schaffen macht. Der Zusammenhang zeigte sich im Rahmen der Studie vor allem bei allergischen Hauterkrankungen wie Neurodermitis oder Nesselsucht (Urticaria). Die Ursache sind möglicherweise sogenannte Neuropeptide, also Botenstoffe, die der Körper bei Stress ausschüttet und in die Organe leitet, wo sie Entzündungen verstärken. Es ist deshalb in vielen Fällen sinnvoll, bei Hautkrankheiten nicht nur die Haut, sondern auch eventuelle psychische Probleme zu behandeln.

Akne: Nicht nur in der Pubertät ein Problem

Lästige Pickel im Gesicht? Mehr als 80 Prozent der Deutschen kennen das. Akne trifft nicht nur Jugendliche, sondern auch Erwachsene, bei denen sie besonders hartnäckig ist. Eine Ernährungsumstellung kann der Haut helfen.

Normalerweise stimmt die Natur alle zum Wachsen notwendigen Vorgänge im Körper sehr genau aufeinander ab. Doch in manchen Lebensphasen gerät dieses System aus dem Gleichgewicht. Das ist zum Beispiel der Fall, wenn in der Pubertät Akne entsteht. Hier sind die Drüsen plötzlich übereifrig und bilden als Reaktion auf das vermehrt ausgeschüttete Sexualhormon Testosteron zu viel Talg. Auch Hornmaterial wird im Überfluss produziert. Ist die oberste Hautschicht deshalb verhornt, kann der Talg nicht richtig abfließen. Die Poren der Haut verengen sich und bilden sogenannte Komedonen (umgangssprachlich: Mitesser), hinter denen Entzündungen entstehen, die der Körper bekämpft. Das hat Rötungen, Hautspannungen und Eiterbeulen zur Folge. Hinzu kommt, dass bestimmte Bakterien, die sonst unbemerkt auf unserer Haut leben, sich in verstopften Talgdrüsen besonders wohlfühlen und sich deshalb dort vermehren.

Spätakne bei Erwachsenen

Akne ist der Schrecken aller Teenager: Ausgerechnet in einem Alter, in dem das Aussehen ein große Rolle spielt, sprießen Pickel und Mitesser im Gesicht. Etwa die Hälfte aller Jugendlichen ist in unterschiedlich starker Form davon betroffen. Die Hauterkrankung tritt mit zwölf oder 13 Jahren zum ersten Mal auf und verschwindet spätestens zehn Jahre später wieder von allein. Auch wenn Jugendliche sehr darunter leiden, ist die sogenannte physiologische Akne harmlos. Erst wenn die Erkrankung schwerer verläuft (das ist bei weniger als der Hälfte der betroffenen Jugendlichen der Fall) oder als Spätakne auch Erwachsenen bis zu einem Alter von etwa 50 Jahren zu schaffen macht, spricht der Hautarzt von einer klinischen Akne. Sie kann auch aufgrund von bestimmten Medikamenten wie Kortison auftreten. In diesen Fällen sollte auf jeden Fall behandelt werden. Harte, eitrige Knoten, Pusteln und Papeln sind besonders schmerzhaft und treten bei Jugendlichen nicht nur im Gesicht, sondern auch am Hals, an Schultern, Brust und Rücken auf.

Akne ist leicht zu diagnostizieren

Die Krankheit ist weitverbreitet und nimmt weiter zu. Bezieht man die Pubertät mit ein, plagen sich 80 Prozent der Deutschen mindestens einmal im Leben mit Akne. In Anbetracht der großen Zahl der Betroffenen kann man die Erkrankung bereits als Volkskrankheit bezeichnen. Im Erwachsenenalter sind es zwar nur noch

Die Ernährungs-Docs

Forschungen haben gezeigt, dass Kuhmilch Talgdrüsen vergrößert und Entzündungen begünstigt. Milch enthält wachstumsfördernde Stoffe, die neben den männlichen Hormonen als Akneauslöser gelten. Auch wenn Milch ein guter Kalzium- und Eiweißlieferant ist, sollten Akne-Patienten daher Milchprodukte möglichst drei bis vier Monate ganz meiden. Wenn die Haut sich dadurch nicht verbessert, kann die Kuhmilchdiät gelockert werden.

Leben mit Ernährungsregeln: verzichten für eine reine Haut

Manchmal würde Astrid M. sich mit ihrer Akne am liebsten verstecken. Mit einer anderen Ernährung bessert sich die Haut.

Im Gespräch mit Anne Fleck erfährt Astrid M. alles Wichtige über Ernährung bei Akne.

Wie hartnäckig Akne auch im Erwachsenenalter noch sein kann, zeigt das Beispiel von Astrid M. Die 38-Jährige leidet seit der Pubertät unter Akne, die sich vor allem am Kinn in Form von Pickeln zeigt. „Es ist so schlimm, dass ich mich manchmal gar nicht nach draußen traue", sagt sie. Auch wenn es niemand direkt sagt, hat Astrid M. das Gefühl, dass andere sie anstarren und denken: „Warum sieht die denn so aus?" oder „Wasch dich mal!" Ihre bisherige Erfahrung: Man kann einfach nichts dagegen tun. Als Busfahrerin muss Astrid M. aber auch an Tagen unter Menschen, an denen sie sich sonst am liebsten verstecken würde.

Keine Milchprodukte und Kohlenhydrate

Bei Ernährungs-Doc Anne Fleck lernt sie: Die Hände können das Ganze noch verschlimmern, nämlich dann, wenn Bakterien ins Gesicht gelangen. Mithilfe eines speziellen Schwarzlichts wird deutlich, dass die Patientin sich oft ins Gesicht fasst, ohne es bewusst wahrzunehmen. Normalerweise ist das nicht schlimm. Doch wenn man weiß, dass bis zu 10 000 Bakterien auf einem Quadratzentimeter Haut an den Händen sitzen, wird klar, wie wichtig Hygiene bei Akne ist. Zur Abwehr von Bakterien sollte jedoch keine aggressive Kernseife zum Einsatz kommen. Stattdessen wirkt ein Kamillendampfbad (siehe Seite 44) sanft reinigend, beruhigend und entzündungshemmend. In Sachen Ernährung muss Astrid M. umdenken. Sie soll auf Milchprodukte und schnell resorbierbare Kohlenhydrate verzichten, die die Ausschüttung von talgdrüsenstimulierenden Stoffen fördern.

Gemüsesuppe statt Knäckebrot

Bisher isst Astrid M. Fruchtjoghurt mit Cornflakes zum Frühstück, also eine ungesunde Kombination aus Milchprodukten, Zucker und Kohlenhydraten. Diese lieb gewordene Gewohnheit soll sie sich abgewöhnen. Da Kaffee und Alkohol durchblutungsfördernd sind und deshalb die Pickelbildung begünstigen, müssen sie ebenfalls gestrichen werden. Stattdessen rät Ernährungs-Doc Anne Fleck zu Fencheltee als Antientzündungsmittel und zu Wasser, Brennnessel- und Löwenzahntee, um die Ausscheidung über die Nieren anzuregen. Zum Frühstück empfiehlt sie Haferbrei. Statt Knäckebrot am Abend soll Gemüsesuppe mit fettarmem Fisch auf den Tisch. Und ansonsten natürlich viel Gemüse. Solange Astrid M. sich an die Regeln hält, wird die Haut besser. Das Kamillenbad macht sie allerdings zu selten und auf Kaffee möchte sie nicht verzichten. Dann zieht die Familie um. Das bedeutet Stress, und den mag die Haut offensichtlich gar nicht. Astrid M. verfällt in schlechte Gewohnheiten. Doch die Erfahrung hat gezeigt: Es lohnt sich. Sie will noch einen weiteren Versuch starten und diesmal konsequenter bleiben.

30 Prozent, doch die können nicht darauf setzen, dass die Beschwerden von allein wieder verschwinden. Bei Frauen bilden sich häufig vor der Menstruation Pickel; auch während Schwangerschaften verschlechtert sich die Haut manchmal. Bei Hormon- und Stoffwechselstörungen, durch Rauchen, Alkohol und falsche Ernährung können ebenfalls Pickel entstehen. Die Diagnose ist nicht schwierig oder aufwendig. Der Arzt kann Akne leicht erkennen und sie bei der Anamnese gegen Krankheiten mit ähnlichen Symptomen abgrenzen. Er kann Hausmittel wie Teebaumöl, Heilerde und entzündungshemmende Dampfbäder empfehlen oder mit Salben, Peelings oder in schweren Fällen auch mit Antibiotika oder Hormonen behandeln. Die Bestrahlung mit UV-Licht oder Farblichttherapien gehören zu den neueren Behandlungsmethoden. Doch diese Maßnahmen haben unerwünschte Nebenwirkungen und sind nicht für eine dauerhafte Behandlung geeignet. Viel wirkungsvoller ist in der Regel eine Ernährungsumstellung. Dabei gilt: Im Grundsatz sollten die Betroffenen schnell resorbierbare Kohlenhydrate (also Weißmehlprodukte, Zucker und Süßigkeiten), hochgesättigte Fettsäuren und Kuhmilchprodukte meiden. Eine antientzündliche Ernährung mit viel Gemüse, hochwertigem Lein- oder Hanföl, fetthaltigem Fisch und wenig Fleisch (siehe Seite 52) unterstützt die Aknetherapie. Wer unter Akne leidet, kann auch selbst ausprobieren, was die Haut gut verträgt.

Das können Sie selbst tun

Um Infektionen zu vermeiden, sollten Akne-Patienten Pickel nicht selbst ausdrücken – das machen Fachkosmetikerinnen besser. Stattdessen kann man die Hornzellen, die die Talgdrüsen verstopfen, selbst mit Peelings abrubbeln. Überschüssiges Fett an den Talgdrüsen sollte mit pH-neutralen parfümfreien Seifen oder speziellen Aknelotions aus der Drogerie entfernt werden. Allerdings sollte man beim Reinigen nicht übertreiben. Zu viel Waschen schadet dem natürlichen Schutzmantel der Haut. Ebenfalls wichtig: Die Betroffenen sollten Hautreizungen (etwa durch ölige Kosmetika oder Make-up) vermeiden.

Lebensmittelauswahl bei Akne

	Empfehlenswert	Nicht empfehlenswert
Getreide wie Brot & Beilagen wie Nudeln, Kartoffeln, Reis (max. 2 Handvoll am Tag)	Vollkornbrot (bevorzugt aus Hafer, Dinkel, Roggen, Reis, Mais); Müsli und (Pseudo-)Getreideprodukte aus Hafer, Dinkel, Buchweizen, Hirse, Amarant, Quinoa; Kartoffeln, Reis, Reisnudeln, Mais, Polenta, Maisnudeln; Glasnudeln, Buchweizennudeln (Soba)	Weißbrot, Toastbrot, Croissant, Knäckebrot, Zwieback, Weizen- und Milchbrötchen, Laugengebäck; Hartweizennudeln, Couscous, Bulgur, geschälter Reis, Pommes, Kroketten, Kartoffelbrei, Pfannkuchen, Kartoffelpuffer; Fast Food, Fertigprodukte
Knabbereien & Snacks (bei Bedarf max. 1 kleine Handvoll am Tag)		Süßigkeiten, süße Backwaren, süße Milchprodukte, Eiscreme; Chips, Salzgebäck

Obst (1–2 Portionen am Tag, 1 große Handvoll)	Apfel, Aprikosen, Brombeeren, Clementinen, Erdbeeren, Grapefruit, Heidelbeeren, Himbeeren, Johannisbeeren, Kiwi, Nektarine, Orange, Papaya, Pflaumen, Pfirsich, Sauerkirschen, Stachelbeeren, Wassermelone, Zwetschgen	**in Maßen:** Ananas, Banane, Birne, Honigmelone, Kaki (Sharon), Süßkirschen, Mango, Weintrauben **ungeeignet:** gezuckerte Obstkonserven und Obstmus, kandiertes Trockenobst
Gemüse (3 Portionen am Tag)	alle Salatsorten, Salat mit Bitterstoffen (wie Löwenzahn), Blätter von Roter Bete/Kohlrabi, Möhrengrün in Smoothies; Bohnen, Linsen, Kichererbsen, Erbsen; Artischocken, Fenchel, Möhren, alle Kohlarten, Salatgurke, Sauerkraut, Spargel, Radieschen, Zucchini; Pilze	**in Maßen:** tiefgekühltes Gemüse mit Butter oder Sahne; Sojabohnen, -sprossen (Tofu)
Nusskerne & Samen (ca. 20 g am Tag)	Cashewkerne, Haselnüsse, Macadamianüsse, Mandeln, Kürbiskerne, Pinienkerne, Sonnenblumenkerne, Walnüsse; Leinsamen, Flohsamen	Erdnüsse (Erdnussbutter) und gesalzene Nüsse
Fette & Öle (ca. 2 EL am Tag)	Leinöl*, Weizenkeimöl*, Olivenöl, Rapskernöl, Walnussöl;	Schweine- und Gänseschmalz, Butterschmalz, Palmfett, Mayonnaise; Sonnenblumenöl, Distelöl
Getränke 2–3 l am Tag	Wasser, ungezuckerter Tee (v. a. Kräutertees wie Brennnessel, Löwenzahn, Fenchel und Basentees)	Fruchtsaft, Softdrinks, Milchmixgetränke (s. u.), Sojadrink; Kaffee; Alkohol
Fisch & Meeresfrüchte 2 Portionen pro Woche	Aal, Forelle, Heilbutt, Hering, Kabeljau, Karpfen, Lachs, Makrele, Sardine/Sardellen, Scholle, Seezunge, Steinbutt, Thunfisch; Schalentiere wie Flusskrebs, Garnele, Hummer, Shrimps, Krabben	Fisch in Mayonnaise oder Sahne eingelegt; panierter Fisch
Wurstwaren & Fleisch (max. 1–2 Portionen pro Woche, à ca. 100 g)	**in Maßen:** Hühnerfleisch, Putenfleisch/-aufschnitt **selten:** Rinderfilet, Kalbfleisch oder Wild, Corned Beef	Schweinefleisch wie Schinkenspeck, Fleischkäse/Leberkäse, Nackenfleisch, Bauchspeck, und Wurstwaren (ob Aufschnitt, Koch-, Grill-, Brat- oder Bockwurst); paniertes Fleisch
Eier Milch & Milchprodukte, Käse	Bio-Eier (max. 2 pro Woche); nach Auslassphase evtl. Schaf- oder Ziegenmilchprodukte (Joghurt, Käse) Hafer-, Mandel-, Reisdrink als Kuhmilchersatz; Kokosmilch	Kuhmilch und -produkte; Pudding, Milchreis, Kakaozubereitungen

* Herstellung unter Ausschluss von Sauerstoff, Hitze und Licht (Oxyguard-/Omega-Safe-Verfahren)

Infektionen der Haut: Was Sie über Fußpilz und Co. wissen sollten

Ob Fußpilz, Herpes oder Aphthen – erst einmal harmlose Hautauffälligkeiten sind nicht nur lästig, sie können auch ernsthafte Komplikationen mit sich bringen. Ein Arztbesuch ist manchmal unerlässlich; eine gute Ernährung unterstützt den Heilungsprozess.

Diese Erkrankung ist für jeden dritten Deutschen ein ungeliebter Begleiter: Fußpilz (medizinisch: *Tinea pedis*) ist nicht nur unangenehm, er kann auch ein Wegbereiter für schwerere Erkrankungen sein. Deshalb sollten die Betroffenen nicht abwarten, dass die Symptome von allein zurückgehen, sondern aktiv werden. Denn Fußpilz ist eine ansteckende Infektion, die sich ausbreiten kann und schon bei den ersten Anzeichen behandelt werden sollte. Häufig holen die Betroffenen sich den Pilz dort, wo viele Menschen barfuß laufen: im Schwimmbad, im Hotel, in der öffentlichen Sauna oder in den Duschräumen und Umkleidekabinen von Sporthallen.

Fußpilz: Männer sind häufiger betroffen

Die Betroffenen merken in der Regel an fiesem Jucken, dass sie sich angesteckt haben, und können den Pilz dann an Rötungen in den Zehenzwischenräumen erkennen. Es bilden sich Schuppen, Bläschen und weißliche Hautplatten, die sich ablösen und rissiges Gewebe hinterlassen. Das sind Einfallstore für weitere Erreger. Nur gesunde Haut kann die meisten Angriffe abwehren. Sobald sie geschädigt ist, haben Pilze leichten Zugang in die Hornschicht, in der sie sich vermehren. Das passiert bei Männern häufiger als bei Frauen, bei Älteren eher als bei Jüngeren. Auch Menschen mit einem geschwächten Immunsystem oder sehr eng zusammenstehenden Zehen sind anfälliger. Darüber hinaus können chronische Krankheiten (wie zum Beispiel Rheuma) oder auch Diabetes das Risiko für Fußpilz erhöhen.

Pilze mögen es feucht und dunkel

Wie Pilze draußen in der Natur mag es auch der Fußpilz gerne warm, dunkel und feucht. Ein für ihn optimales Klima findet er in schweißnassen Socken und engen, schlecht atmenden Schuhen. Sogenannte Fadenpilze sind in den meisten Fällen die Ursache: Sie dringen in die Hornschicht ein und vermehren sich dort. Das Immunsystem reagiert mit Entzündungen, Jucken und Brennen. Es bilden sich Bläschen, die Haut quillt auf, bis schmerzhafte Risse entstehen. Die Fadenpilze können sich auch weiter ausbreiten – zum Beispiel, wenn Hautschuppen auf Badteppichen oder in der Kleidung hängen bleiben und darüber auf andere Körperteile gelangen.

Wird Fußpilz nicht behandelt, können ernste Infektionen entstehen. Der Hautarzt oder Facharzt für Fußkrankheiten (Podologe) erkennt die Krankheit oft auf den ersten Blick. Mit Medikamenten können Pilze abgetötet und ihr Wachstum gebremst werden; je nach zusätzlichen Erregern kommen in manchen Fällen auch Antibiotika zum Einsatz. Hilfreich ist ein Fußbad mit Eichenrinde (siehe Seite 45). Wer dem Fußpilz auf natürliche Weise die Nahrungsgrundlage entziehen will, ist mit einer Ernährung gut bedient, die das Immunsystem stärkt und antientzündlich wirkt.

Vier Wochen auf Zucker verzichten

Das heißt in erster Linie: Verzichten Sie (am Anfang erst einmal einen Monat lang) komplett auf Zucker und säurebildende Lebensmittel wie Milch, Weizen und Schweinefleisch. Das gilt nicht nur für Süßigkeiten, sondern auch für Fertigprodukte wie Fruchtjoghurt oder Tütensuppen, die Zucker und andere entzündungsfördernde Geschmacksverstärker enthalten. Später sollten Sie diese Lebensmittel stark reduzieren, wenn Sie nicht ganz darauf verzichten können oder wollen. Was Sie stattdessen essen sollten und weitere Empfehlungen finden Sie in unserer Tabelle auf Seite 42/43.

Aphthen: schmerzhafte Flecken im Mund

Aphthen gehören zu den entzündlichen Hautkrankheiten. Die schmerzhaften Schleimhautdefekte sind als milchig-helle Flecken mit einer dunkelroten Umrandung im Mund zu erkennen. Die einzelne Aphthe ist meist wenige Millimeter groß. Wie stark sie wehtut, hängt nicht unbedingt von der Größe, sondern vor allem von der Lage ab. Oft können die Betroffenen nur unter Schmerzen essen, sprechen oder schlucken.

Herpes: Bohnen und Linsen lindern Beschwerden

Bei Herpes ist das sogenannte Herpes-simplex-Virus der Auslöser. Die schmerzhaften Blasen sind – meist auf den Lippen – gut zu erkennen. Nur bei schweren Verläufen ist eine weitere Diagnostik notwendig. Wer ansonsten gesund ist, kann die Beschwerden mit austrocknenden und desinfizierenden Wirkstoffen lindern. Da Herpes häufig in stressigen Lebensphasen auftritt, kann eine antioxidantienreiche Ernährung (siehe Seite 53) das Immunsystem stärken. Verlaufen die Infektionen extrem schwer und besteht die Gefahr einer weiteren Ausbreitung, können antivirale Mittel in Betracht gezogen werden.

Patientengeschichte: den Fußpilz aushungern lassen

Günther G. leidet schon seit zehn Jahren unter Fußpilz. Sobald es juckt, cremt er die Füße mit einer Anti-Pilz-Salbe ein – manchmal auch vorbeugend. Das hilft zwar kurzfristig, doch das Problem ist nicht gelöst. Bei dem 55-jährigen Heilpraktiker ist die Hautkrankheit hartnäckig. Ernährungs-Doc Jörn Klasen warnt: Fußpilz kann der Ausgangspunkt für eine bakterielle Superinfektion in Form einer Wundrose sein, die schlimmstenfalls zu einer Blutvergiftung führt. Mit einer speziellen Diät wollen die Ernährungs-Docs den Pilz aushungern lassen und trockenlegen. Anne Fleck erklärt das mit Bildern von Pilzen im Wald, die sich ähnlich verhalten wie die am Fuß: „Diese Biester sind immer hungrig nach Zucker. Sie müssen auf Entzug." Das heißt für Günther G.: vier Wochen auf Zucker verzichten und auch säurebildende Lebensmittel (Weißmehl, Kuhmilch, Schweinefleisch) meiden, um das Immunsystem über den Darm zu stärken. Er muss ab jetzt viel Gemüse essen und hochwertige Öle verwenden. Trotz kleiner Ausreißer gelingt ihm die Umstellung. Nach ein paar Monaten ist der Fußpilz verschwunden: keine Schuppen, keine Rötungen, kein Jucken mehr. Während des Zuckerfastens ist der Pilz nur einmal zurückgekommen – nachdem Günther G. sich ausnahmsweise einen Eisbecher genehmigt hatte. „Das war die Zuckerquittung", sagen die Ernährungs-Docs. Wenn er auf zehn Jahre vergeblichen Kampf zurückblickt, bleibt die Heilung für Günther G. ein Wunder. Hätte er bloß früher gewusst, wie einfach es sein kann, Fußpilz erfolgreich zu bekämpfen.

Aphthen entstehen auf der Schleimhaut des Zahnfleischs, in der Mundhöhle (einschließlich der Lippen), auf der Zunge oder auf den Mandeln. Treten sie an mehreren Stellen gleichzeitig auf, spricht man von einer „Mundfäule“ (medizinisch: *Stomatitis aphthosa*). Selten sind auch andere Schleimhäute, zum Beispiel im Genitalbereich, betroffen.

Aphthen sind sehr verbreitet und treten im jungen Erwachsenenalter immer wieder auf, bei Frauen häufiger als bei Männern. Erst nach der Lebensmitte lässt die Häufigkeit der Wiederholungen nach. Raucher sind seltener betroffen als Nichtraucher. Ob Bakterien und Viren als Auslöser infrage kommen, ist noch nicht geklärt. Die Diagnostik basiert auf der Vorgeschichte und der körperlichen Untersuchung. Der Arzt kann Aphthen leicht an ihrem charakteristischen Aussehen erkennen. Spezifische Labortests gibt es nicht.

Aphthen sind nicht ansteckend und müssen nicht unbedingt behandelt werden. Meist heilen sie innerhalb von zwei Wochen von allein ab. Wenn die Schleimhautveränderung aber länger besteht und der Defekt sehr tief ist, sollte man zum Arzt gehen, da andere Erkrankungen (chronisch-entzündliche Darmerkrankungen, HIV-Infektionen oder Krebs) ausgeschlossen werden müssen. Häufig treten Aphthen in Verbindung mit Stress und Magen-Darm-Störungen auf.

Auslöser bislang unbekannt

Die Ursache für Aphthen ist unklar. Bei 30 bis 40 Prozent der Betroffenen häufen sich die Fälle in der Familie. Auslöser können Stress und Verletzungen der Mundschleimhaut sein. Auch histaminhaltige Nahrungsmittel kommen infrage. Ein Vitamin B_{12}-, Folsäure- oder Eisenmangel kann die Entstehung ebenfalls unterstützen. Mit diesen Maßnahmen können Sie sich selbst helfen:

+ Achten Sie auf eine antientzündliche Ernährung (siehe Seite 52).
+ Meiden Sie stark histaminhaltige Lebensmittel, zum Beispiel Tomaten, scharf gewürzte Speisen, Zitrusfrüchte, alkoholische Getränke, Walnüsse, Haselnüsse und (Blauschimmel-)Käse. Histamin ist ein körpereigener Botenstoff, der an allergischen Reaktionen beteiligt ist und in Lebensmitteln beim Abbau von Eiweißen entsteht.
+ Meiden Sie Zahnpasta mit Natriumlaurylsulfat.
+ Machen Sie zwei- bis dreimal täglich Mundspülungen mit einem Gemisch aus Kamillen- und Salbeitee. Gurgeln Sie dabei.
+ Gegen die Schmerzen können betäubende Salben oder Gele sowie adstringierende Lösungen helfen.
+ Absolvieren Sie Achtsamkeitsübungen und lernen Sie, besser mit Stress umzugehen.

Lebensmittelauswahl bei Fußpilz

	Empfehlenswert	Nicht empfehlenswert
Getreide wie Brot & Beilagen wie Nudeln, Kartoffeln, Reis (max. 2 Handvoll am Tag)	Vollkornbrot (bevorzugt aus Hafer, Dinkel, Roggen, Reis, Mais); Müslis und (Pseudo-)Getreideprodukte aus Hafer, Dinkel, Buchweizen, Hirse, Amarant, Quinoa; Kartoffeln, Reis, Reisnudeln, Polenta, Maisnudeln; Glasnudeln, Buchweizennudeln (Soba)	Weißbrot, Toastbrot, Croissant, Knäckebrot, Zwieback, Weizen- und Milchbrötchen, Laugengebäck; Hartweizennudeln, Couscous, Bulgur, geschälter Reis, Pommes, Kroketten, Kartoffelbrei, Pfannkuchen, Kartoffelpuffer; Fast Food, Fertigprodukte

Knabbereien & Snacks	erst nach 4 Wochen striktem Zuckerfasten! 2–3 Stücke Zartbitterschokolade (mit mind. 70% Kakaoanteil)	Süßigkeiten, süße Backwaren, süße Milchprodukte, Eiscreme; Chips, Salzgebäck
Obst (1–2 Portionen am Tag, 1 große Handvoll)	zuckerarmes Obst wie Apfel, Aprikosen, Beeren, Clementinen, Grapefruit, Kiwi, Nektarine, Orange, Papaya, Pflaumen, Pfirsich, Sauerkirschen, Wassermelone, Zwetschgen **in Maßen zuckerreiches Obst:** Ananas, Banane, Birne, Honigmelone, Kaki (Sharon), Kirschen, Mango, Weintrauben	**ungeeignet:** gezuckerte Obstkonserven und Obstmus, kandiertes Trockenobst
Gemüse (3-mal 2 Handvoll am Tag)	keine Einschränkungen (außer s. rechts)	**in Maßen:** tiefgekühltes Gemüse mit Butter oder Sahne; Sojabohnen, -sprossen (Tofu)
Nusskerne & Samen (ca. 20 g am Tag, 1 kleine Handvoll)	Cashewkerne, Haselnüsse, Macadamianüsse, Mandeln, Kürbiskerne, Pinienkerne, Sonnenblumenkerne, Walnüsse	Erdnüsse und gesalzene Nüsse (Erdnussbutter)
Fette & Öle (ca. 2 EL am Tag)	Leinöl*, Weizenkeimöl*, Olivenöl, Rapskernöl, Walnussöl, wenig Butter	Schweine- und Gänseschmalz, Butterschmalz, Palmfett, Mayonnaise; Sonnenblumenöl, Distelöl
Getränke (ca. 2 l am Tag)	Wasser, ungezuckerter Tee (v. a. Kräutertees wie Fenchel, Pfefferminze, Kamille, Salbei, Löwenzahn und Schafgarbe); max. 3 Tassen schwarzer Kaffee	Fruchtsaft, Softdrinks, Milchmixgetränke (siehe unten), Sojadrink; Alkohol
Fisch & Meeresfrüchte	Aal, Forelle, Heilbutt, Hering, Kabeljau, Karpfen, Lachs, Makrele, Sardine/Sardellen, Scholle, Seezunge, Steinbutt, Thunfisch **selten:** Schalentiere wie Flusskrebs, Garnele, Hummer, Shrimps, Krabben	Fisch in Mayonnaise oder Sahne eingelegt
Wurstwaren & Fleisch	**in Maßen:** Putenfleisch, -aufschnitt, Hühnerfleisch **selten:** Rinderfilet, Kalbfleisch oder Wild; Corned Beef	generell Schweinefleisch wie Schinkenspeck, Fleischkäse/Leberkäse, Nackenfleisch, Bauchspeck, und Wurstwaren (ob Aufschnitt, Koch-, Grill-, Brat- oder Bockwurst); paniertes Fleisch
Eier Milch & Milchprodukte, Käse	Bio-Eier (max. 4 pro Woche) **in Maßen:** Naturjoghurt (bis 3,5% Fett), (Quark bis 20% Fett), Käse (am besten aus Schaf- oder Ziegenmilch)	Kuhmilch und -produkte; Pudding, Milchreis, Kakaozubereitungen

* Herstellung unter Ausschluss von Sauerstoff, Hitze und Licht (Oxyguard-/Omega-Safe-Verfahren)

Schutz, Pflege und andere Wohltaten: Das mag die Haut

Wenn sie verletzt ist, zu stark gereinigt oder von Hautkrankheiten befallen wird, braucht die Haut häufig besondere Pflege. Dabei schaden vor allem zu viel und die falsche Hygiene. Lesen Sie hier, was dem sensiblen Organ guttut.

Duschen ja, aber nur kurz

Meiden Sie zu heißes Duschen, auch wenn es wunderbar entspannt. Denn dabei werden hauteigene Fette herausgespült und die Schutzbarriere geschwächt. Die Folge: Es entstehen Risse, die Haut fühlt sich nach dem Duschen unangenehm trocken an. Keime und Bakterien können leichter eindringen. Optimal sind lauwarme Duschen mit Temperaturen unter 35 Grad. Wer Probleme mit trockener Haut hat, sollte nicht länger als zehn Minuten unter der Dusche stehen. Manche Hautexperten meinen sogar, je weniger Wasser an die Haut käme, umso besser sei das für diese.

Dank ätherischer Öle und Flavonoide wirken Kamillenblüten antibakteriell und entzündungshemmend.

Problemzone: sensible Pohaut

Ob Männer- oder Frauenpo – so attraktiv ein Hinterteil auch sein mag, so ungern befassen wir uns mit Problemen, die dort entstehen: mit Juckreiz und Gerüchen. Die Haut ist zwischen den Pofalten höchst empfindlich und reagiert sofort, wenn sie etwas quält. Fälschlicherweise vermuten die Betroffenen oft, dass es an mangelnder Hygiene liegt. Doch weder Seifen noch Schrubben helfen. Denn der Geruch kommt nicht durch Stuhlreste zustande, sondern durch Duftdrüsen. Es bleibt uns nichts anderes übrig, als ihn zu akzeptieren. Anders verhält es sich bei Analjuckreiz. Hält er länger an, muss er vom Arzt (Hautarzt oder Proktologen) behandelt werden. Ob Schuppenflechte, Hämorrhoiden oder Infektionen – es gibt verschiedene Ursachen. Ansonsten gilt: Vorübergehend können zinkhaltige Salben helfen. Benutzen Sie Seifen mit einem hautneutralen pH-Wert von 5,5. Tragen Sie Unterwäsche aus Baumwolle.

Sauber mit Dampf

Ein Kamillendampfbad (ein- bis zweimal in der Woche) wirkt entzündungshemmend und reinigt die Haut im Gesicht, was zum Beispiel bei Akne sehr hilfreich sein kann. Durch die Dämpfe werden die Poren geweitet, Talg und Schmutz können besser abfließen. Dafür geben Sie 5 EL getrocknete Kamillenblüten (aus der Apotheke) in eine Schüssel und übergießen sie mit 1 l heißem Wasser. Den Sud 5 Minuten ziehen lassen und dann das Gesicht mit einem Handtuch über dem Kopf etwa 10 Minuten über das Dampfbad halten.

Moderne Wundverbände

„Die Wunde muss an die Luft, mach am besten gar nichts", hieß es früher häufig. Doch das stimmt nicht mehr. Nach den heutigen Erkenntnissen und der modernen Wundversorgung sind Nichtstun und Luftdranlassen nicht mehr richtig. Auch das klassische Pflaster hat ausgedient. Ob Blasen, Schürfungen oder Verbrennungen – unter zeitgemäßen Wundverbänden zeigen sich körpereigene Heilstoffe aus der Lymphe von ihrer stärksten Seite. Sie sorgen dafür, dass möglichst schnell frische Zellen wachsen, ohne dass Schorf und Krusten entstehen. Diese „feuchte Wundbehandlung" mittels Wundverbänden und Auflagen aus hochwertigen Folien lassen Sauerstoff durch, blockieren aber Bakterien.

Die Haut im Winter

Sie haben trockene Haut und das Bedürfnis, eine Feuchtigkeitscreme aufzutragen, wenn Sie im Winter nach draußen gehen? Tun Sie das besser nicht, denn Feuchtigkeitscremes haben einen hohen Wasseranteil, was bei klirrender Kälte draußen zu Erfrierungen führen kann. Die zeigen sich als schmerzhafte Verhärtungen oder Verfärbungen. Faustregel: Achten Sie auf die Inhaltsstoffe. Steht „Wasser" oder „Aqua" drauf, eignet sich die Creme im Winter besser für drinnen. Im Winter für draußen wasserfreie Fettsalben verwenden.

Sonne hilft nicht

Häufig haben Menschen mit Hautkrankheiten das Gefühl, dass ein Sonnenbad ein wirksames Mittel gegen Akne ist. Doch das täuscht, obwohl sich der Mythos schon lange hält. Viel Sonne ist eher schädlich als nützlich. Sie kann Akne sogar fördern. Deshalb ist ein Sonnenschutz ohne sogenannte komedogene Stoffe empfehlenswert. Das erkennen Sie an dem Aufdruck „nicht komedogen". Da fettige Cremes Akne verschlimmern können, sollte ein leichtes Fluid oder Gel mit hohem Lichtschutzfaktor zum Einsatz kommen.

Eichenrinde wirkt bei Fußpilz lindernd.

Eichenrinde für die Füße

Bäder mit Eichenrinde helfen gegen Fußpilz. In der Rinde finden sich Gerbstoffe, die bei Fußpilz und entzündlich juckenden Hauterkrankungen lindernd wirken. Außerdem reagieren die Gerbstoffe mit Eiweiß auf der Haut, sodass diese ihre Strukturen verändert. Die obere Schicht des Gewebes wird fester und Pilze können schlechter eindringen. Eichenrinde können Sie in der Apotheke oder in Kräuterläden kaufen.

Die Ernährungs-Docs

Achten Sie bei Kindern mit trockener und ekzematischer Haut auf die richtige Pflege. Lauwarme Ölbäder (max. zwei pro Woche) sind günstiger als heiße mit Seifenschaum. Die Haut dann nur sanft abtupfen, bevor sie mit einem Pflegeprodukt behutsam eingecremt wird.

ESSEN FÜR EINE GESUNDE HAUT

Die richtige Ernährung ist Hautpflege, Anti-Aging-Programm und Medizin zugleich. Sie können damit Entzündungen hemmen, der Hautalterung vorbeugen, Hautkrankheiten heilen und Beschwerden lindern. Hier erklären die Ernährungs-Docs den Zusammenhang zwischen Haut und Ernährung – mit vielen Empfehlungen für besonders geeignete Lebensmittel und nützlichen Tipps, wie eine Ernährungsumstellung gelingen kann. Nicht nur bei großen, sondern auch bei kleinen Hautpatienten!

So gelingt eine Ernährungsumstellung

Lieb gewonnene Gewohnheiten aufgeben? Besser essen der Haut zuliebe und dabei gesünder, fitter und schlanker werden, ohne zu hungern? Das ist leichter gesagt als getan, doch mit Know-how und festen Regeln ist es möglich – und kann sogar Spaß machen.

Sie sind motiviert, Ihre Ernährung umzustellen? Das ist ein guter Vorsatz. Das nötige Wissen können Sie sich in diesem Buch anlesen, Rezepte als Anregungen finden Sie ab Seite 58. Sie wissen, auf welche Lebensmittel Sie künftig der Haut zuliebe verzichten sollten und was stattdessen auf den Tisch darf. Damit steht Ihrem Erfolg eigentlich nichts mehr im Weg – außer Ihr innerer Schweinehund. Und der kann leider ganz schön groß sein. Deshalb raten wir Ihnen, eine Ernährungsumstellung mit System vorzunehmen. Die zehn Schritte auf Seite 49 unterstützen Sie dabei.

So sieht ein gesunder Tag aus

Eine abwechslungsreiche, gesunde Vollkost besteht aus drei Hauptmahlzeiten täglich und möglichst wenigen Snacks zwischendurch mit unseren empfohlenen Lebensmitteln in folgenden Mengen: Brot, Getreide und Beilagen (in Vollkornvarianten) sollten nicht mehr als 2 Handvoll ausmachen. Dazu kommen 1 bis 2 Portionen Obst, 3 Portionen Gemüse, 40 Gramm Nüsse und Samen, 3 Esslöffel hochwertige Fette und Öle. Mageres Fleisch, Eier, Käse und Milchprodukte gibt es nur in Maßen – und höchstens 1 kleine Handvoll Knabbereien. Pro Woche raten wir außerdem zu 2 Portionen Fisch, am bestem zu fettem Seefisch.

Intervallfasten für eine gesunde Haut

In den letzten Jahren wurde zunehmend erforscht, wie gut Fasten beziehungsweise Intervallfasten für die Gesundheit ist. Das gilt auch für die Haut. Dafür müssen Sie sich nicht unbedingt zum Heilfasten in einer Kurklinik anmelden und tagelang auf feste Nahrung verzichten. Neueste Erkenntnisse zeigen, dass auch kurze Phasen ohne Essen dem Körper guttun. Darauf basiert das alltagstaugliche Intervallfasten, für das es verschiedene Modelle gibt. Möglichst lange ohne Essen auszukommen, lässt sich für die meisten Menschen am einfachsten umsetzen, wenn man die Nacht mit einbezieht. Das entspricht etwa der 16:8-Methode, bei der man die Zeit, in der gegessen wird, auf acht Stunden beschränkt (also zum Beispiel von 10 bis 18 Uhr oder von 13 bis 21 Uhr).

Man kann aber auch zwei Fastentage in der Woche einlegen (5:2-Fasten, siehe Seite 31) oder ab und zu das Abendessen ausfallen lassen (Dinner-Cancelling). Der Nahrungsverzicht auf Zeit wirkt verjüngend und regenerierend – nicht nur auf die inneren Organe, sondern auch auf die Haut. Er regt den Körper dazu an, neue Zellen zu bilden, hemmt Entzündungen und hat damit auf viele Prozesse Einfluss, die auch den Zustand der Haut verbessern. Ein angenehmer Nebeneffekt: Man verliert beim Intervallfasten ein paar Pfunde.

Schritt für Schritt besser essen

- **Führen Sie ein Ernährungstagebuch.** Das heißt, dass Sie alles aufschreiben, was Sie essen. Analysieren Sie die Ergebnisse. Wann esse ich was und trinke ich genug? Notieren Sie, wann und worauf Ihre Haut reagiert und welche Lebensmittel Sie besser meiden. Diesem Buch liegt ein kleines Tagebuch bei, in dem Sie auch Beobachtungen über den Zustand Ihrer Haut eintragen können.
- **Erst Allergietest, dann Auslassdiät.** Bei Menschen mit Allergien wie Neurodermitis zeigen sich oft negative Hautreaktionen auf Lebensmittel. In diesen Fällen ist es wichtig, zuerst eine mögliche Nahrungsmittelallergie beim Hautarzt genau testen zu lassen. Denn eine sogenannte Auslassdiät macht nur Sinn, wenn man genau weiß, welche Lebensmittel möglicherweise kritisch sind.
- **Besprechen Sie Ihre Ernährungsumstellung mit dem behandelnden Arzt.** Betrachten Sie ihn nicht als Gegner, sondern als Teampartner, der Sie unterstützt. Wenn das nicht der Fall ist, suchen Sie sich einen Ernährungsmediziner (Adressen siehe Seite 183)
- **Gehen Sie mit Plan vor.** Überlegen Sie, wie Sie Ihre Ernährungsumstellung in kleinen Schritten umsetzen können, damit Sie die Ernährung wirklich dauerhaft umstellen. Bei Auslassdiäten gehen Sie ohnehin Schritt für Schritt vor.
- **Räumen Sie die Küche auf.** Ob Süßigkeiten, Softdrinks oder Chips zum Knabbern vor dem Fernseher – entfernen Sie alles, worauf Ihre Haut negativ reagiert und was nicht in Ihre Pläne passt. Ersetzen Sie kritische Produkte durch reizarme Alternativen.
- **Verändern Sie Ihre Einkaufsgewohnheiten.** Streifen Sie nicht mehr planlos durch den Supermarkt, sondern erstellen Sie zu Hause eine Liste, die (und nur die!) Sie dann im Laden abarbeiten.
- **Kochen Sie selbst.** Auch wenn Sie das nicht gewohnt sind und als äußerst aufwendig empfinden, fangen Sie damit an, Ihre Haut wird es Ihnen danken! So vermeiden Sie unliebsame Zusatzstoffe und wissen immer genau, was auf den Teller kommt.
- **Bleiben Sie geduldig.** Wenn Sie mit Ihrer Ernährungsumstellung auch ein paar Pfunde loswerden wollen, sollten Sie nicht hungern, damit es schneller geht. Denn dann schüttet der Körper Hungerhormone aus, die dazu führen, dass man mehr isst statt weniger. Füllen Sie den Magen gut (am besten mit Gemüse) und setzen Sie auf Eiweiß als Sattmacher.
- **Kommen Sie in Bewegung.** Ob Spazierengehen oder Radfahren, Fitnessgymnastik oder Muskeltraining – Bewegung schüttet Hormone aus, die die Haut strahlen lassen und für gute Laune sorgen. Körperliche Aktivitäten straffen das Bindegewebe und fördern die Durchblutung, sodass die Haut besser mit Nährstoffen versorgt wird.
- **Bauen Sie gezielt Stress ab.** Was uns belastet, geht im wahren Sinne des Wortes unter die Haut. Das Stresshormon Cortisol verlangsamt die Bewegung der Hautzellen. Unter Dauerdruck trocknet die Haut schneller aus, neigt zu Unreinheiten und Infektionen. Lernen Sie deshalb, regelmäßig zu entspannen – zum Beispiel mit Meditation, Bewegung oder Achtsamkeitsübungen.

Was unsere Ernährung für die Haut bedeutet

Nährstoffe im richtigen Maß halten die Haut gesund und schön. Es gibt zwar keine Wunderdiät für die Haut, doch viele Lebensmittel sind wunderbares „Haut-Futter". Sie müssen allerdings genau auf die Bedürfnisse jedes Einzelnen abgestimmt werden.

Haut und Ernährung? Das gehört zusammen, auch wenn es auf den ersten Blick nicht in direktem Zusammenhang steht. Es geht dabei um viele verschiedene Hautprobleme wie Nahrungsmittelallergien, zunehmend um Unverträglichkeiten, um die Frage, wie die Haut länger jung bleibt, wie der Darm das Hautbild beeinflusst und was sich alles in der Haut widerspiegelt. Das ist eine ganze Menge und reicht von Stoffwechselprozessen über Krankheiten bis zu Fragen nach der Zusammensetzung der Nahrungsmittel. Die Verbindung zwischen allem, was wir essen, und der Haut zeigt sich im Alltag häufig. Wer kennt das nicht? Chips, Schokolade oder reichlich Süßigkeiten machen Pickel. Auf Kuchen und Pizza reagiert die Haut sprichwörtlich irritiert. Wenn es uns gesundheitlich nicht gut geht, wirkt auch unsere Schutzhülle blass und müde. Dann braucht sie – wie der ganze Körper – neue Energie aus Lebensmitteln, die bestenfalls wie Medikamente, aber auf ganz natürliche Weise wirken.

Die Haut braucht ständig Energie

Ob energieliefernde Makronährstoffe wie Fette, Eiweiß und Kohlenhydrate oder essenzielle Mikronährstoffe wie Vitamine oder Mineralstoffe – die Haut benötigt idealerweise wohldosiert von allem etwas. Fehlen dem Organismus über einen längeren Zeitraum lebenswichtige Stoffe, reagiert er mit Schäden in den Zellen und vorzeitiger Alterung, was vor allem an der Haut sichtbar wird. Da sich unsere Haut etwa einmal im Monat erneuert, braucht sie ständig Energie, die sie sich aus der Nahrung holt. Dabei kommt es natürlich nicht nur auf die Menge an, sondern vor allem auf die Inhalte. Was der Haut guttut, sind natürliche pflanzliche Lebensmittel, die auch sonst zu einer gesunden Ernährung gehören.

Grundregeln für gesunde Haut

Auch wenn sich jede Hauterkrankung bei unterschiedlichen Lebensmitteln verbessert oder verschlechtert, gibt es Grundregeln für das gesamte Organ.
Beginnen wir bei den Makronährstoffen. Sie sind die Basis, auf die der menschliche Körper aufbaut und aus

Diese Tees mag die Haut

Empfehlenswerte warme Getränke sind Brennnessel- und Löwenzahntee, weil sie die Ausscheidung über die Nieren anregen. Fencheltee wirkt beruhigend, auch auf Entzündungen der Haut. Kamillenblüten kann man nicht nur als Teeaufguss trinken. Sie helfen auch in Form eines Gesichtsdampfbads (siehe Seite 44).
Ansonsten gilt wie immer: Trinken Sie mindestens zwei Liter stilles Wasser täglich. Das verbessert den Stoffwechsel und hilft der Haut, schädliche Stoffe auszuscheiden.

der er seine Energie gewinnt. Bei den Kohlenhydraten bevorzugt die Haut gute „Carbs“ aus Gemüse, Hülsenfrüchten, zuckerarmem Obst und Vollkornprodukten. Schnell verdauliche Kohlenhydrate verschlechtern das Hautbild, denn Kuchen, Limonade, Süßigkeiten und andere zuckerhaltige Produkte lassen den Blutzuckerspiegel nach oben schnellen. Der Körper braucht dann große Mengen an Insulin, das dafür sorgt, dass die Körperzellen den Zucker aufnehmen, damit er nicht im Blut bleibt. In der Haut regt das Insulin das Zellwachstum an – und das hat unerwünschte Folgen: Talgdrüsen vergrößern sich, Entzündungen werden verstärkt und die Hautalterung beschleunigt. Viel Industriezucker kann zum Beispiel Akne begünstigen.

Fett hält die Haut fit

Bei der Frage nach dem besten Fett für die Haut gilt: Gute Fette machen die Haut geschmeidig, schlechte schädigen sie. Der Körper braucht Fett als Baustoff für neue Hautzellen und als wichtige Energiequelle. Deshalb sollte niemand darauf verzichten, sondern auf die Qualität achten. Während einfach und mehrfach ungesättigte Fettsäuren die Haut schützen, das Immunsystem stärken, Entzündungen lindern und den Alterungsprozess verlangsamen, bewirken gesättigte Fette das Gegenteil. Nach dem Genuss von ungesunden hoch gesättigten Fettsäuren, wie sie in vielen tierischen Produkte (vor allem industriell verarbeiteten), aber auch in Kuchen und Pizza vorkommen, entstehen häufiger Entzündungen. Besonders die sogenannten Transfette, also industriell verarbeitete und gehärtete Fette aus Fast Food und Fertigprodukten, schädigen die Zellen. In den USA sind diese Fette bereits verboten. Pflanzliche Lebensmittel wie Avocado und Nüsse enthalten ebenso hochwertige Fettsäuren wie bestimmte Fische (Hering, Lachs, Makrele) und Speiseöle (Walnuss-, Weizenkeim-, Raps- und Leinöl). Bei diesen Nahrungsmitteln ist das Verhältnis von Omega-3- zu Omega-6-Fettsäuren besonders günstig.

Die Haut braucht Fett als Baustoff für neue Zellen. Hochwertige Speiseöle sind gute Lieferanten dafür.

Eiweiß für starkes Bindegewebe

Die dritte Gruppe der Makronährstoffe sind die Proteine, die dafür sorgen, dass sich neue Eiweißstrukturen in der Haut bilden, die wiederum die Schutzbarriere stärken. Auch das Immunsystem der Haut benötigt Eiweiße. Diese bestehen aus lebenswichtigen Aminosäuren, die die Festigkeit von Haut und Haaren stärken. Wenn wir zu wenig Eiweiß zu uns nehmen, mangelt es an Kollagen und Elastin. Die Folge: Das Bindegewebe wird weicher und erschlafft zunehmend. Fisch, Eier, mageres Fleisch, Milch und Milchprodukte, Hülsenfrüchte, Nüsse, Soja- und Vollkornprodukte sind gute Proteinquellen. Beim Fleischkonsum ist allerdings aus anderen Gründen Vorsicht geboten. Schweinefleisch enthält zum Beispiel Arachidonsäure, die Entzündungen im Körper fördert (siehe Seite 52). Das gilt auch für Eier. Obwohl beides gute Proteinquellen sind, sollten Menschen mit Hautkrankheiten darauf verzichten oder die Mengen zumindest reduzieren. Ebenso kritisch sind Kuhmilch- und Sojaprodukte.

Lebenswichtige Mikronährstoffe

Die Gruppe der Mikronährstoffe besteht aus Vitaminen und Mineralstoffen, sekundären Pflanzenstoffen, bestimmten Aminosäuren und Omega-Fettsäuren. Einige von ihnen benötigt unsere Haut besonders:

+ **Anthocyane** haben entzündungshemmende Eigenschaften, von denen die Haut profitiert. Heidelbeeren enthalten reichlich davon.
+ **Biotin** gilt als Schönheitsvitamin, das Haut, Haaren und Fingernägeln guttut – große Mengen finden sich in Avocado.
+ **Carotinoide** unterstützen die Zellerneuerung und schützen die Haut vor freien Radikalen und in geringem Maße vor Sonne. Sie stecken zum Beispiel in Möhren, Melonen und Aprikosen.
+ **Catechine** finden sich in Kakao. Sie wirken gegen Alterserscheinungen der Haut und bieten ebenfalls einen leichten UV-Schutz.
+ **Ellagsäure** unterstützt den Kollagenaufbau und lässt die Haut frisch aussehen. Ellagsäure in Erdbeeren wirkt zusätzlich fettverbrennend.
+ **Lycopin** ist Zellschutz für die Haut und kann in hoher Dosis auch als leichter Sonnenschutz dienen. Tomaten liefern Lycopin.
+ **Vitamin C** regt die Neubildung von Kollagen an, verbessert den Teint und schützt vor freien Radikalen (antioxidativer Effekt). In Paprika, Brokkoli, Papaya und Zitrusfrüchten steckt besonders viel.
+ **Vitamin E** strafft die Haut und unterstützt die Regeneration. Es findet sich vor allem in Nüssen und pflanzlichen Ölen.
+ **Vitamin K** pflegt die Gefäße von innen. Es sorgt dafür, dass weniger Kalkablagerungen entstehen. Spinat, Spargel und Kohl sind gute Lieferanten.

Prä- und Probiotika für die Haut

Auch die Zusammensetzung der Darmbakterien (Mikrobiom) hat Einfluss auf die Haut, wie neuere Forschungen zeigen. Denn die Haut enthält ähnlich wie der Darm gesunde Bakterien, die sie schützen. Wird das intakte Hautmikrobiom gestört, kommt es zu Hautkrankheiten. Präbiotika (Ballaststoffe) und Probiotika (in Joghurt, Kefir, Buttermilch, frischem Sauerkraut) sorgen für ein gesundes Gleichgewicht.

Antioxidantien gegen freie Radikale

Für eine glatte Haut, glänzende Haare und feste Fingernägel spielen vor allem Antioxidantien eine Rolle, die sich in Gemüse, Hülsenfrüchten und Obst finden (einige Obstsorten nur je nach Verträglichkeit). Dazu zählen die Vitamine C und E, die Spurenelemente Zink, Eisen und Selen sowie verschiedene sekundäre Pflanzenstoffe (siehe links). Sie bekämpfen die gefährlichen freien Radikalen und können als Hormone und Enzyme vom Körper selbst hergestellt oder zusätzlich über das Essen aufgenommen werden. Was hat es aber mit den freien Radikalen auf sich? Umwelteinflüsse, schlechte Ernährung, Nahrungsmittelzusatzstoffe in Fertiggerichten, Nikotin, UV-Licht – unser Körper ist ständig Angriffen ausgesetzt, die dafür sorgen, dass sogenannte freie Radikale entstehen. Das sind zerstörerische Zellen, die Zellmoleküle schädigen. So können entzündliche Prozesse in Gang kommen und degenerative Erkrankungen entstehen.

Entzündungshemmend essen

Nicht nur die Zufuhr reichlich antioxidativ wirksamer Lebensmittel unterstützt den Kampf gegen oxidativen Stress und Entzündungen. Wichtig ist auch, schnelle Kohlenhydrate zu vermeiden – am besten, indem Sie reichlich Hülsenfrüchte und Vollkornprodukte essen. Daneben kommt wiederum die Fettqualität ins Spiel: Kalt gepresste Pflanzenöle liefern reichlich Entzündungshemmer wie Omega-3-Fettsäuren. Tierische Lebensmittel wie Schweinefleisch am besten reduzieren, da sie entzündungsfördernde Arachidonsäure enthalten. Wo welche Entzündungshemmer vorkommen und wie sie wirken, erfahren Sie in der Tabelle rechts.

Entzündungshemmende Inhaltsstoffe im Überblick

	Substanz	Wo steckt viel davon drin?	Tipp/Wirkung
Antioxidantien*	**Vitamin C** Ascorbinsäure	Obst und Gemüse, vor allem: Paprika, Brokkoli, Rosenkohl, Grünkohl, Fenchel, Sanddorn, Hagebutte, Kiwi, Schwarze Johannisbeeren, Zitrusfrüchte	Vitamin C ist wasserlöslich und hitzeempfindlich, Gemüse also nur kurz dämpfen
Antioxidantien*	**Vitamin E** Tocopherole/-trienole	Pflanzenöle, vor allem Weizenkeimöl**, Olivenöl	Vitamin E ist recht hitzebeständig, übersteht großteils das Kochen
Antioxidantien*	**Polyphenole** Resveratrol, Flavonoide, Anthocyane	rotes/blaues/violettes Obst und Gemüse wie Äpfel, Beeren, Granatäpfel, Kirschen, Pflaumen; Oliven(öl), Soja; Getränke wie Grüntee, Kaffee, (dunkler) Kakao, Rotwein; viele Gewürze wie Oregano, Zimt	Diese Antioxidantien kommen besonders in den Randschichten und Blättern von Pflanzen vor
Antioxidantien*	**Carotinoide** Lycopin; Betacarotin (Lebensmittelfarbstoff E 160)	Tomaten, Papaya, Grapefruit; Möhren, Feldsalat, Grünkohl, Wassermelonen	Reife Tomaten enthalten viel Lycopin, Dosentomaten und Tomatenmark noch wesentlich mehr
	Bromelain	Ananas	wirkt auch gerinnungshemmend
	Curcumin (Lebensmittelfarbstoff E 100)	Currypulver, Kurkuma (Gelbwurz)	positiv bei entzündlichen Hauterkrankungen (Psoriasis, Rosazea)
	Capsaicin	Chili- und Paprikaschoten	Capsaicin wirkt schmerzlindernd und durchblutungsfördernd
	Galaktolipide	Hagebutte (ganze Frucht als Pulver – nicht im Hagebuttentee)	Galaktolipide sind fettlöslich und zerfallen bei Erhitzen über 40 °C
	Monoterpene Campher, Iridoide	in ätherischen Ölen, z. B. von Kampferbaum, Teufelskrallenwurzel	Viele ätherische Öle wirken auch antibakteriell und antiviral
	Omega-3-Fettsäuren ALA (Alpha-Linolensäure), DHA (Docosahexaensäure), EPA (Eicosapentaensäure)	Leinöl***, Chiaöl***, Hanföl***, Walnussöl, Rapsöl; Leinsamen, Walnüsse; fetter Seefisch wie Lachs, Hering, Makrele, Sardelle; Mikroalgen (Chlorella, Spirulina)	Omega-3-reiche Pflanzenöle niemals erhitzen und rasch verbrauchen!
	Sulfide	Knoblauch und Zwiebeln	antibakteriell, gefäßschützend
	Mineralstoffe und Spurenelemente Magnesium, Zink, Eisen, Selen	ungezuckertes Kakaopulver, Sojaprodukte, Hülsenfrüchte, Mandeln, Sesam, Vollkorngetreide, Kürbiskerne, Spinat, Beerenobst, Geflügel, Lachs, dunkelgrünes Blattgemüse	Paranüsse sind gute Selenlieferanten – trotzdem möglichst nicht mehr als 2 davon pro Tag essen

* Antioxidantien sollten nicht in Form isolierter Präparate aufgenommen werden. Am besten wirken sie im Zusammenspiel mit den anderen natürlichen Inhaltsstoffen

** Weizenkeimöl nur für die kalte Küche nutzen, da es hitzeempfindliche Fettsäuren enthält

*** Herstellung möglichst unter Ausschluss von Sauerstoff, Hitze und Licht (Oxyguard-/Omega-Safe-Verfahren)

Vitamin D – das Lichthormon: Wie viel benötigt die Haut?

Einerseits benötigen wir Sonne, damit die Haut Vitamin D bildet. Andererseits kann zu viel UV-Licht zu Hautkrebs führen und lässt die Haut vorzeitig altern. Wie wir einen gesunden Kompromiss finden, erklärt Ernährungs-Doc Jörn Klasen.

Wodurch zeichnet sich Vitamin D aus?

Vitamin D gehört zu den fettlöslichen Vitaminen – genauso wie die Vitamine A, E und K. Aber eigentlich ist es gar kein Vitamin, sondern ein Hormon, weil es in der menschlichen Haut unter dem Einfluss von UVB-Strahlung des Sonnenlichts gebildet wird. Wir können es auch über die Nahrung aufnehmen, allerdings deckt das nur etwa 15 Prozent unseres Bedarfs. Es hat für unsere Gesundheit eine große Bedeutung.

Inwiefern?

Vitamin D ist wichtig für die Knochenbildung und ein gut funktionierendes Immunsystem. Bei Vitamin-D-Mangel können vermehrt Abwehrschwächen und Autoimmunkrankheiten wie rheumatische Erkrankungen auftreten. Außerdem scheint es in einem gewissen Maß eine schützende Wirkung gegen Krebserkrankungen, insbesondere Darm- und Brustkrebs, zu haben. Auch für einen gesunden Schwangerschaftsverlauf ist es erforderlich. Außerdem gibt es Hinweise auf einen Zusammenhang von Vitamin-D-Mangel und bestimmten Formen von Depressionen.

Wie viel Vitamin D brauchen wir?

Studien des Robert-Koch-Instituts haben gezeigt, dass etwa 60 Prozent der Erwachsenen und 80 Prozent der Jugendlichen einen Vitamin-D-Mangel haben. Die DGE (Deutsche Gesellschaft für Ernährung) empfiehlt pro Tag eine Zufuhr von 20 Mikrogramm Vitamin D – ohne körpereigene Synthese. Das schaffen die meisten nicht über die Ernährung. Wer sich aber regelmäßig der Sonne aussetzt oder im Zweifelsfall ein sinnvolles Präparat einnimmt, erreicht den Wert.

Welche Lebensmittel sind reich an Vitamin D?

Vitamin D steckt vor allem in fettem Fisch (wie Makrele, Seelachs und Hering) und – wenn auch in deutlich niedrigeren Mengen – in Leber, Vitamin-D-angereicherter Margarine, im Eigelb von Hühnereiern (von frei laufenden Hühnern) oder in einigen Speisepilzen. Berühmt-berüchtigt wegen seines Geschmacks ist Lebertran aus Fischleber. Über die Ernährung mit den üblichen Lebensmitteln erreichen wir in Deutschland meist nur 2–4 Mikrogramm Vitamin D pro Tag.

Was lässt sich stattdessen tun?

Wir benötigen ein anderes Verhältnis zur Sonne. Die Sonne zu meiden, ist nicht der richtige Weg, denn ohne Sonne würde es kein Leben auf der Erde geben. Die Angst vor Hautkrebs ist zwar berechtigt. Doch dabei gilt: Die Dosis ist entscheidend.

Wie viel Sonne darf es denn sein?

Wer täglich zum Beispiel Hände, Arme und Gesicht von Sonnenlicht kurze Zeit und ohne Creme bescheinen lässt, sodass es nicht zu einem Sonnenbrand kommt (auch nicht zu einem leichten!), geht kein Hautkrebsrisiko ein und bildet doch ausreichend Vitamin D. Im Sommer reichen schon 5–15 Minuten, im übrigen Jahr sollten es 10–25 Minuten täglich sein. Überschüssiges Vitamin D wird dann für den Winter gespeichert.

Wann ist der beste Zeitpunkt dafür?

Unser Lebensstil lässt uns wenig Zeit in der Sonne. Es ist selten geworden, dass Kinder nachmittags draußen spielen und zahlreiche Sportarten werden indoor betrieben. Die beste Zeit für die Bildung von Vitamin D ist von März bis Oktober, jeweils zwischen 10 und 15 Uhr. Je mehr Haut frei ist, desto besser.

Gilt das für alle Hauttypen gleich?

Je empfindlicher die Haut für Sonnenlicht ist, desto schneller bildet sich Vitamin D. Dunkelhäutige Menschen benötigen mehr Sonnenlicht als hellhäutige oder rothaarige Menschen. Die Bildung von Vitamin D ist sehr variabel und abhängig von Hauttyp, individueller Hautpigmentierung, der Verwendung von Haut- beziehungsweise Sonnencremes, der Jahreszeit, vom geografischen Breitengrad und von unserer Kleidung. Wer helle Haut hat und den ganzen Körper von der Sonne bestrahlen lässt, kann im Sommer durch die körpereigene Synthese die gewünschte Menge Vitamin D bilden. Es ist von großer Bedeutung, wie viel UVB-Strahlung der Sonne die Haut erreicht und tatsächlich wirksam werden kann.

Sollte man Sonnencreme verwenden?

Wenn man nur kurz in der Sonne bleibt, besser nicht. Die Verwendung einer Sonnenschutzcreme mit dem Lichtschutzfaktor 15 reduziert die Bildungskapazität von Vitamin D um 99 Prozent. Auch Kleidung hält Sonne ab. Kein Wunder, dass in Hamburg und nördlich davon bis zu 85 Prozent der Menschen an Vitamin-D-Mangel leiden. In Regionen oberhalb des 37. Breitengrads (nördlich von Athen) ist im Winter der Auftreffwinkel der Sonnenstrahlen so klein, dass nur sehr wenig Vitamin D in der Haut gebildet werden kann.

Sonne lässt die Haut schneller altern?

Auch hier kommt es auf die Dosis an. Natürlich sollte niemand in der Sonne braten bis zum Sonnenbrand. Vorsorge gegen vorzeitiges Altern und gegen Hautkrebs ist sehr wichtig. Wer sich länger, als es zur Vitamin-D-Bildung nötig ist, in der Sonne aufhält, sollte sich entsprechend kleiden und Sonnencreme mit Lichtschutzfaktor 20 oder mehr verwenden.

Verändert sich das beim Älterwerden?

Die Hautalterung reduziert die Vitamin-D-Synthesefähigkeit, weil im Alter die Konzentration von 7-Dehydrocholesterol (Provitamin) der Haut sinkt. Die Haut eines 70-Jährigen enthält nur noch etwa 25 Prozent der Provitamin-Konzentration im Vergleich zur Haut eines 20-Jährigen. Daraus resultiert eine deutlich reduzierte Vitamin-D-Synthesefähigkeit der Haut. Ältere, kranke, sehr lichtempfindliche und dunkelhäutige Menschen sollten im Frühjahr und Herbst ihren Vitamin-D-Gehalt im Blut bestimmen lassen und mit dem Arzt besprechen, ob es sinnvoll ist, Vitamin D in Form von Nahrungsergänzungsmitteln zu nehmen.

Welche Mengen sind dann angemessen?

Erwachsene können bis zu 100 Mikrogramm Vitamin D täglich aufnehmen, darüber riskiert man die Bildung von Nierensteinen. Dabei sollte man wissen, dass Vitamin D fettliebend ist. Nehmen Sie also Vitamin-D-Tabletten nicht mit Wasser ein, sondern mit etwas Fett (wie in Vigantolöl-Tropfen). Allerdings darf die Tablette nicht den Spaziergang ersetzen, denn Sonne bewirkt viel mehr als die Vitamin-D-Bildung allein.

Was empfindliche Kinderhaut braucht

Vielseitig, vitaminreich und gesund – eine Ernährung, die erwachsener Haut guttut, ist auch für Kinder genau richtig. Dennoch gibt es ein paar Unterschiede. Denn Kinder können nicht viel auf einmal essen, lieben Süßigkeiten und dürfen keine Diäten machen.

Kinder haben im Vergleich zu Erwachsenen äußerst empfindliche Haut. Ihre zarte Schutzhülle ist noch nicht vollständig ausgereift und gerät deshalb leicht aus dem Gleichgewicht. Ob Neurodermitis, Nahrungsmittelallergien, Infektionen, Pickel oder Akne: Hauterkrankungen treten in jungen Jahren besonders häufig auf und sollten bei der Ernährung individuell berücksichtigt werden. Auch wenn einzelne Hauterkrankungen bei Kindern unterschiedlich behandelt und im täglichen Speiseplan berücksichtigt werden müssen, gibt es Grundregeln für eine gesunde Ernährung, die für alle gleichermaßen gelten. Dabei geht es nicht nur um die Haut, sondern auch um einen gesunden Lebensstil allgemein.

Fünf kleine statt drei große Mahlzeiten

Kinder sind gerne in Bewegung, toben herum und brauchen ständig Energie, um zu wachsen. Anders als Erwachsene müssen sie schnell nachlegen, wenn der kleine Hunger sich meldet. Drei Hauptmahlzeiten morgens, mittags und abends reichen deshalb nicht aus. Ein Snack am Vormittag und einer am Nachmittag sollten zum täglichen Speiseplan gehören. Doch Vorsicht: Der kleine Imbiss zwischendurch darf nicht in Dauernaschen ausarten. Denn zu viel Süßes oder Fertigprodukte schaden nicht nur der Haut, sondern der gesamten Entwicklung des Kindes.

Regelmäßig Frisches und Selbstgekochtes

Am besten ernähren Kinder sich, wenn gesundes Essen in der Familie selbstverständlich ist. Dazu gehört als Basis eine ausgewogene Mischkost mit viel Gemüse, Obst, Vollkornprodukten und hochwertigem Eiweiß aus Fisch, Fleisch und Milchprodukten. Bei der Auswahl gelten für Kinder- und Erwachsenenhaut die gleichen Regeln (siehe ab Seite 50). Bestenfalls wird regelmäßig selbst gekocht. Süßigkeiten, Fast Food, Softdrinks und Fertiggerichte gibt es nur in Ausnahmefällen. Denn diese sind das größte Risiko für Krankheiten und Übergewicht. Bringt ein Kind zu viele Pfunde auf die Waage, sollte es sich mehr bewegen, statt weniger zu essen. Kinder brauchen keine Diäten. Wenn sie gesund essen und aktiv sind, pendelt sich ein gutes Gewicht bei normalem Wachstum von allein ein.

Ein gesunder Speiseplan für Kinder

An einem gesunden Tag braucht ein Kind 4 Portionen (1 Portion entspricht etwa der Größe einer Kinderhand) Getreide, Reis oder Kartoffeln, 3 Portionen Milch und Milchprodukte, 3 mit Gemüse, 2 mit Obst und 1 mit Fisch oder Fleisch. Es können auch 30 Gramm Aufschnitt oder ein Ei sein. Der Bedarf an hochwertigem Fett wird mit 2 Teelöffeln Butter und 1 Esslöffel Öl gedeckt. Sechs kleine Gläser Getränke (jeweils 250 Milliliter) decken den Flüssigkeitsbedarf. 1 Portion Süßes (25 Gramm) gibt es als leckeres Extra obendrauf.

Die Ernährungs-Docs

Ob Knuspermüsli, Früchtequark oder Milchriegel – oft werden in der Werbung sogenannte Kinder-Lebensmittel angepriesen. Dass die Kleinen sie gerne mögen, liegt daran, dass sie besonders fettig und süß sind. Verbraucherschützer warnen deshalb zu Recht vor diesen Produkten.

Die Ernährungs Docs

MEIN ERNÄHRUNGS-TAGEBUCH

Gesunde Haut

So nutzen Sie unser Ernährungstagebuch

Ein Ernährungstagebuch eignet sich sehr gut dafür, Beschwerden nach dem Essen auf den Grund zu gehen. Denn es gibt häufig Klarheit über gut und schlecht bekömmliche Lebensmittel. Für den Zustand Ihrer Haut findet sich ganz rechts eine zusätzliche Spalte.

- Nehmen Sie Ihr Protokoll überallhin mit. Notieren Sie alles gewissenhaft – auch Snacks wie Nusskerne, Bonbons und Obst und genauso alle Getränke (zum Beispiel Cola, Fruchtsäfte, Bier etc.).
- Protokollieren Sie mind. 7 aufeinanderfolgende Tage. Für einen längeren Zeitraum kopieren Sie sich die Protokolle vorab.
- Lebensmittel sollten Sie am besten in „Haushaltsmaßen" angeben (zum Beispiel 1 Tasse, 1 TL, 1 EL ...).
- Protokollieren Sie direkt, nicht erst am Abend. Häufig vergisst man gegessene Lebensmittel und Getränke.
- Halten Sie fest, ob es nach dem Genuss bestimmter Lebensmittel oder Gerichte Beschwerden/Symptome auf der Haut gab. Das hilft, um eventuellen Unverträglichkeiten auf den Grund zu gehen.
- Bitte beachten: Manche Beschwerden können auch erst 1 bis 2 Stunden oder sogar erst einen Tag nach Nahrungsaufnahme auftreten.

Die Ernährungs-Docs

Wer sich Unterstützung bei der Suchdiät holen möchte, ist bei einer der zahlreichen Schwerpunktpraxen für Ernährungsmedizin gut aufgehoben. Hier steht ein ernährungstherapeutisches Team, bestehend aus Ernährungsmediziner und Ernährungsfachkraft, bereit. Sie helfen bei der Analyse des Ernährungsprotokolls und der Umstellung des täglichen Essens (unter www.bdem.de).

So nutzen Sie dieses Tagebuch als Neurodermitiker

Ab Seite 8 finden Sie ein Neurodermitis-Tagebuch für 8 Tage. Hier können Betroffene täglich alles notieren, was ihre Neurodermitis beeinflusst. Das Tagebuch gibt einen Überblick darüber, welche Beschwerden vorliegen und wie sie sich entwickeln, und hilft bei der Diagnose durch den Arzt sowie bei der Behandlung.

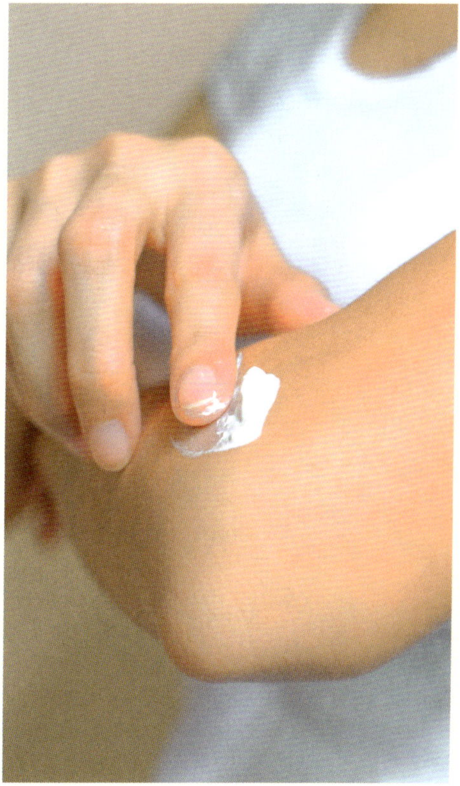

- Dokumentieren Sie zunächst alles, was Sie essen und trinken – analog zum Ernährungstagebuch (siehe links).
- Halten Sie fest, welche Salben und Medikamente Sie anwenden und wie häufig.
- Protokollieren Sie den Zustand Ihrer Haut und markieren Sie an den Figuren täglich die von Juckreiz betroffenen Hautpartien.
- Notieren Sie auch weitere Belastungen des Immunsystems (zum Beispiel Infekte oder Impfungen) sowie mögliche Einflüsse auf Ihren Hautzustand: wie Wetter, Pollenflug, mechanische Reize, seelische Belastungen.

DATUM

UHRZEIT	ESSEN	TRINKEN	HAUTBILD

BESCHWERDEN, BESONDERHEITEN

DATUM

UHRZEIT	ESSEN	TRINKEN	HAUTBILD

BESCHWERDEN, BESONDERHEITEN

DATUM

UHRZEIT	ESSEN	TRINKEN	HAUTBILD

BESCHWERDEN, BESONDERHEITEN

DATUM

UHRZEIT	ESSEN	TRINKEN	HAUTBILD

BESCHWERDEN, BESONDERHEITEN

DATUM

UHRZEIT	ESSEN	TRINKEN	HAUTBILD

BESCHWERDEN, BESONDERHEITEN

DATUM

UHRZEIT	ESSEN	TRINKEN	HAUTBILD

BESCHWERDEN, BESONDERHEITEN

DATUM

UHRZEIT	ESSEN	TRINKEN	HAUTBILD

BESCHWERDEN, BESONDERHEITEN

DATUM

UHRZEIT	ESSEN	TRINKEN	HAUTBILD

BESCHWERDEN, BESONDERHEITEN

MEIN NEURODERMITIS-TAGEBUCH

DATUM

ERNÄHRUNG: Auflistung der verzehrten Lebensmittel	ESSEN	TRINKEN
ZUSTAND DER HAUT: + Basis-Hautpflege + wirkstoffhaltige Cremes + Medikamente		
BETROFFENE HAUTPARTIEN: HAUTZUSTAND: (in den letzten 24 Std., 1 = sehr gut, 5 = sehr schlecht) JUCKREIZ: (bitte im Bild markieren, 0 = kein Juckreiz, 3 = starker Juckreiz)	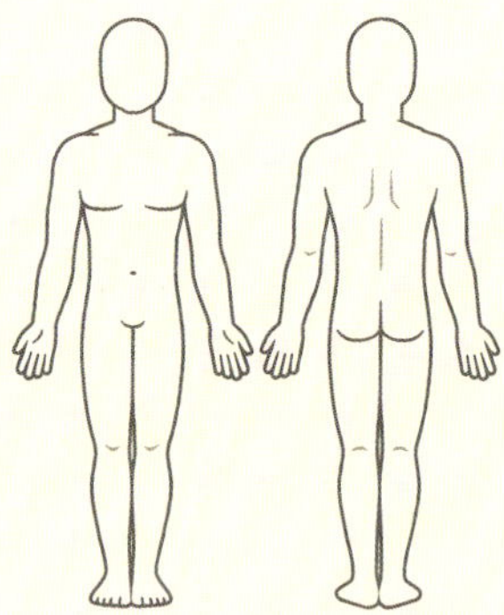	
WEITERE BESCHWERDEN/ NOTIZEN: (zum Beispiel Infekte, Fieber, Schmerzen, Pollenflug, Sonne, Stress, Tierkontakt)		

DATUM

ERNÄHRUNG: Auflistung der verzehrten Lebensmittel	ESSEN	TRINKEN

ZUSTAND DER HAUT:

+ Basis-Hautpflege ....

+ wirkstoffhaltige Cremes ....

+ Medikamente ....

BETROFFENE HAUTPARTIEN:

HAUTZUSTAND:
(in den letzten 24 Std.,
1 = sehr gut,
5 = sehr schlecht)

JUCKREIZ:
(bitte im Bild markieren, 0 = kein Juckreiz, 3 = starker Juckreiz)

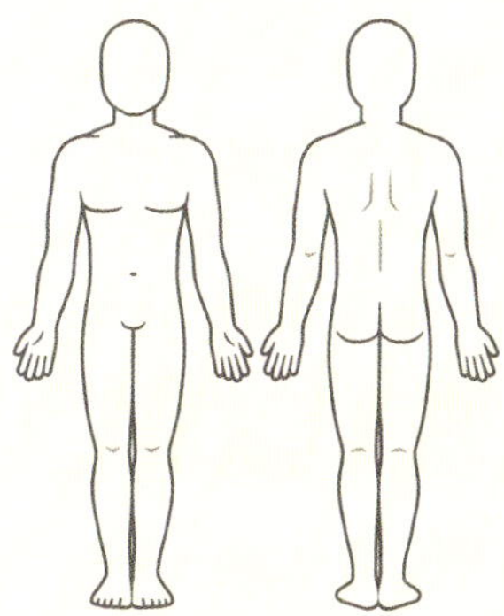

WEITERE BESCHWERDEN/ NOTIZEN:
(zum Beispiel Infekte, Fieber, Schmerzen, Pollenflug, Sonne, Stress, Tierkontakt)

DATUM

ERNÄHRUNG: Auflistung der verzehrten Lebensmittel	ESSEN	TRINKEN

ZUSTAND DER HAUT:

+ Basis-Hautpflege
+ wirkstoffhaltige Cremes
+ Medikamente

BETROFFENE HAUTPARTIEN:

HAUTZUSTAND: (in den letzten 24 Std., 1 = sehr gut, 5 = sehr schlecht)

JUCKREIZ: (bitte im Bild markieren, 0 = kein Juckreiz, 3 = starker Juckreiz)

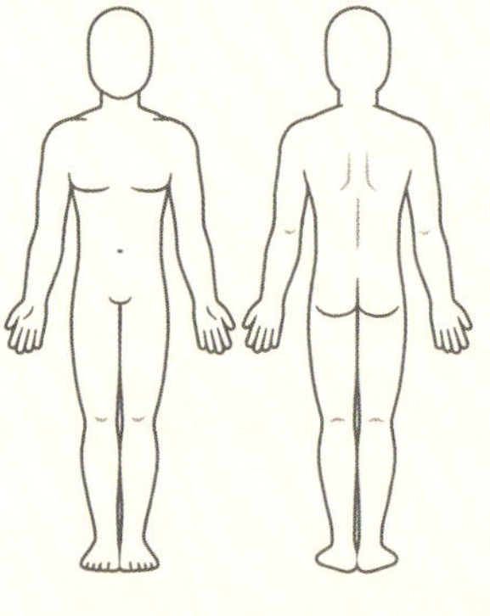

WEITERE BESCHWERDEN/NOTIZEN: (zum Beispiel Infekte, Fieber, Schmerzen, Pollenflug, Sonne, Stress, Tierkontakt)

DATUM

ERNÄHRUNG: Auflistung der verzehrten Lebensmittel	ESSEN	TRINKEN

ZUSTAND DER HAUT:

+ Basis-Hautpflege
+ wirkstoffhaltige Cremes
+ Medikamente

BETROFFENE HAUTPARTIEN:

HAUTZUSTAND:
(in den letzten 24 Std., 1 = sehr gut, 5 = sehr schlecht)

JUCKREIZ:
(bitte im Bild markieren, 0 = kein Juckreiz, 3 = starker Juckreiz)

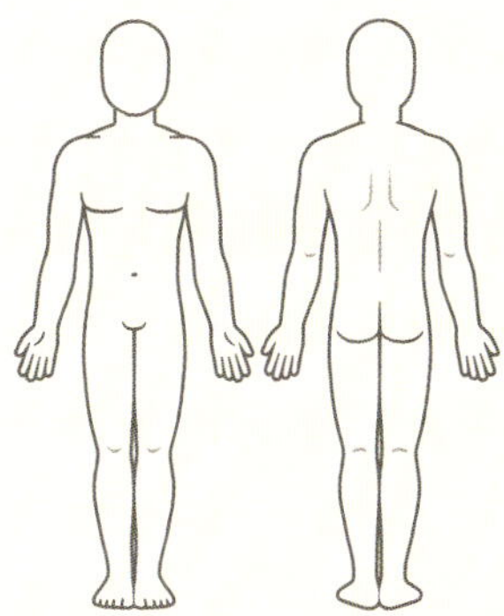

WEITERE BESCHWERDEN/ NOTIZEN:
(zum Beispiel Infekte, Fieber, Schmerzen, Pollenflug, Sonne, Stress, Tierkontakt)

MEIN NEURODERMITIS-TAGEBUCH

DATUM

ERNÄHRUNG:
Auflistung der verzehrten Lebensmittel

ESSEN	TRINKEN

ZUSTAND DER HAUT:

+ Basis-Hautpflege ....

+ wirkstoffhaltige Cremes ....

+ Medikamente ....

BETROFFENE HAUTPARTIEN:

HAUTZUSTAND:
(in den letzten 24 Std., 1 = sehr gut, 5 = sehr schlecht)

JUCKREIZ:
(bitte im Bild markieren, 0 = kein Juckreiz, 3 = starker Juckreiz)

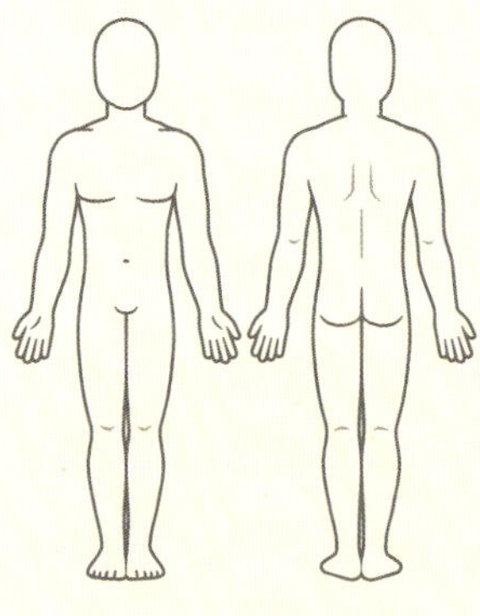

WEITERE BESCHWERDEN/ NOTIZEN:
(zum Beispiel Infekte, Fieber, Schmerzen, Pollenflug, Sonne, Stress, Tierkontakt)

DATUM

	ESSEN	TRINKEN
ERNÄHRUNG: Auflistung der verzehrten Lebensmittel		
ZUSTAND DER HAUT: + Basis-Hautpflege + wirkstoffhaltige Cremes + Medikamente		
BETROFFENE HAUTPARTIEN: **HAUTZUSTAND:** (in den letzten 24 Std., 1 = sehr gut, 5 = sehr schlecht) **JUCKREIZ:** (bitte im Bild markieren, 0 = kein Juckreiz, 3 = starker Juckreiz)	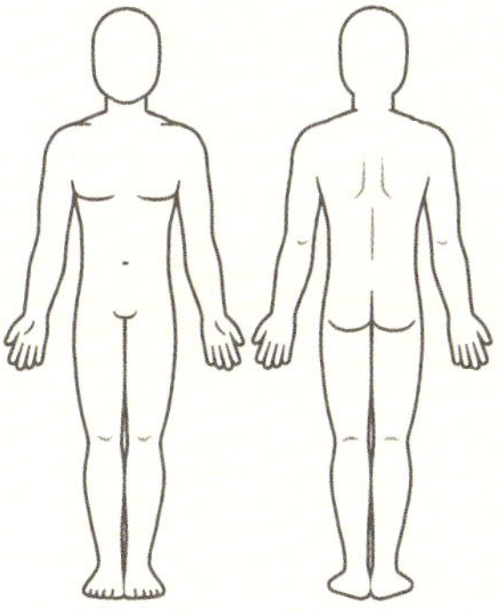	
WEITERE BESCHWERDEN/ NOTIZEN: (zum Beispiel Infekte, Fieber, Schmerzen, Pollenflug, Sonne, Stress, Tierkontakt)		

DATUM

ERNÄHRUNG: Auflistung der verzehrten Lebensmittel	ESSEN	TRINKEN
ZUSTAND DER HAUT: + Basis-Hautpflege + wirkstoffhaltige Cremes + Medikamente		
BETROFFENE HAUTPARTIEN: **HAUTZUSTAND:** (in den letzten 24 Std., 1 = sehr gut, 5 = sehr schlecht) **JUCKREIZ:** (bitte im Bild markieren, 0 = kein Juckreiz, 3 = starker Juckreiz)	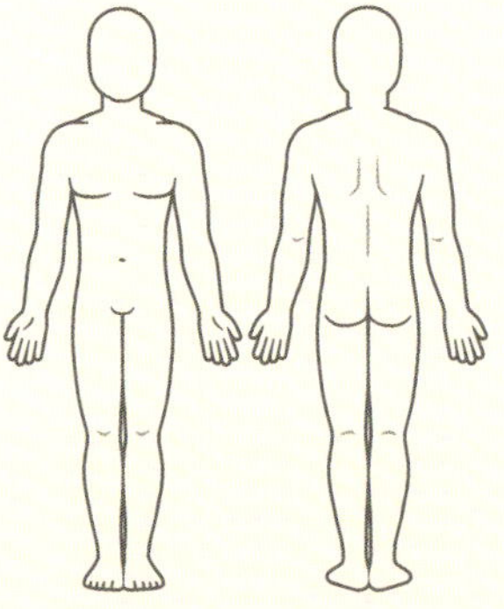	
WEITERE BESCHWERDEN/ NOTIZEN: (zum Beispiel Infekte, Fieber, Schmerzen, Pollenflug, Sonne, Stress, Tierkontakt)		

DATUM

ERNÄHRUNG: Auflistung der verzehrten Lebensmittel	ESSEN	TRINKEN
ZUSTAND DER HAUT: + Basis-Hautpflege + wirkstoffhaltige Cremes + Medikamente		
BETROFFENE HAUTPARTIEN: HAUTZUSTAND: (in den letzten 24 Std., 1 = sehr gut, 5 = sehr schlecht) JUCKREIZ: (bitte im Bild markieren, 0 = kein Juckreiz, 3 = starker Juckreiz)	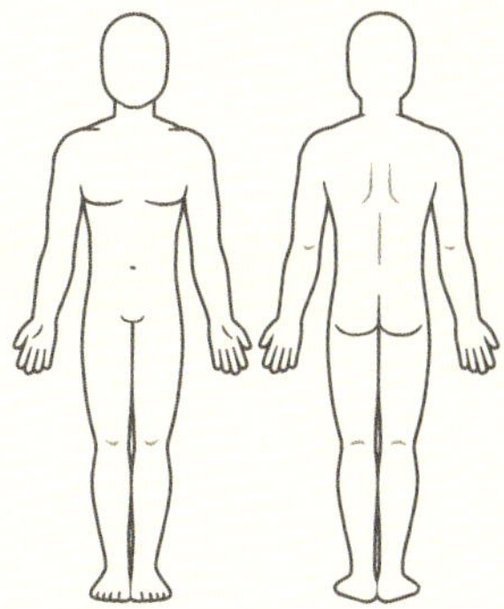	
WEITERE BESCHWERDEN/ NOTIZEN: (zum Beispiel Infekte, Fieber, Schmerzen, Pollenflug, Sonne, Stress, Tierkontakt)		

Gemüse statt Lollis: So gelingt gesunde Ernährung bei Kindern

Wer Kinder hat, kennt das Dilemma: Die meisten rümpfen die Nase, wenn Gemüse auf den Tisch kommt. Um Hauterkrankungen, allergische Reaktionen oder Neurodermitisschübe zu verhindern, ist eine ausgewählte Kost besonders wichtig. In vielen Fällen helfen ein paar Regeln, damit die Ernährung nicht ständig zu Streit in der Familie führt und das Thema Essen ohne Zwang und Verbote bewerkstelligt werden kann:

+ Beziehen Sie Ihr Kind beim Einkaufen und beim Kochen mit ein. Wer selbst beteiligt ist, fühlt sich in der Verantwortung und akzeptiert gesundes Essen besser.
+ Ganz ohne Naschereien geht es leider nicht. Damit die Kinder sich nicht heimlich etwas besorgen, darf es zu Hause ruhig ein bisschen Süßes geben, doch Kinder brauchen beim Maßhalten Unterstützung. Wählen Sie Naschereien, die die Haut des Kindes einigermaßen verträgt. Vereinbaren Sie jeden Tag eine kleine Ration, mit der das Kind selbst haushalten darf. Wichtig: Süßes sollte nie eine gesunde Mahlzeit ersetzen und die vereinbarte Menge muss eingehalten werden.
+ Kinder haben oft merkwürdige Ansichten zum Thema Essen. Nehmen Sie darauf Rücksicht, statt die Kinder zu verurteilen oder mit ihnen zu schimpfen. Viele mögen zum Beispiel Gemüse (Möhren, Paprika) lieber roh als gekocht und lieber einzeln als im Gericht. Mit Erbsen freunden sie sich schneller an als mit Tomaten. Manchmal hilft auch ein fantasievoller Name („wir essen heute wieder grüne Bäumchen“ statt Brokkoli). Oder: Die meisten Kinder mögen gerne Nudeln. Warum nicht mal welche aus Gemüse machen? Auch „rote Pommes“ (im Ofen gebackene Möhrensticks) kommen meist gut an.

Wer selbst auswählen darf, isst gesünder.

+ Selbst wenn bestimmte Lebensmittel heute noch „bäh“ sind, kann das bei Kindern schon nächste Woche anders sein. Regen Sie Ihren Nachwuchs immer wieder an, etwas zu probieren, ohne es ihm aufzuzwingen. Seien Sie Vorbild in Sachen gesundes Essen.
+ Pflegen Sie Familienmahlzeiten (mindestens eine am Tag) als gemeinsames Ritual. Alle sollten in guter Atmosphäre zusammensitzen, ohne dass gestritten oder gemeckert wird. Konflikte kann man auch zu anderen Zeiten klären.
+ Achten Sie auf die Getränkeauswahl. Wasser und ungesüßte Tees sind gute Durstlöscher, während Fruchtsäfte, Softdrinks und Milch oder Milchmixgetränke kalorien- und zuckerreiche Leckereien sind und deshalb nur in Ausnahmefällen auf den Tisch sollten.

REZEPTE ZUM GENIESSEN

Bei Hautproblemen profitieren Sie von einer gesunden, ausgewogenen Ernährung. Unsere Auswahl an mehr als 60 leckeren, hautpflegenden Rezepten hilft Ihnen dabei, das theoretische Wissen der ersten Kapitel in die Praxis umzusetzen: Frühstücksideen, kleine Gerichte, Hauptmahlzeiten und süße Verführungen – alle reich an wertvollen Nährstoffen, die den Körper optimal versorgen und Schäden an der schützenden Hülle vorbeugen. So können Sie Beschwerden langfristig zu Leibe rücken und Ihr Äußeres von innen zum Strahlen bringen. Ob ballaststoffreich oder Low Carb, glutenfrei oder laktosefrei, vegetarisch oder sogar vegan: Hier ist ganz sicher für jeden Geschmack etwas dabei.

FRÜHSTÜCK

Wer auf seine Haut achten muss, braucht eine vitalstoffreiche Mahlzeit am Morgen. Gesunde Muntermacher wie Hirse-Birnen-Müsli, Hüttenkäserührei, Mandel-Quark-Brot oder Powerbrötchen mit Kürbiskernquark schenken reichlich Energie und sorgen mit Mineralstoffen und schützenden Antioxidantien für einen strahlenden Teint. Und sie schmecken der ganzen Familie.

Grüne Smoothie-Bowl mit Beeren

Akne | Rosazea | Schuppenflechte

Für 2 Personen
Zubereitungszeit: 15 Minuten

1 EL helle Sesamsamen
100 g gemischte Beeren (z. B. Heidel-, Him- oder Rote Johannisbeeren)
1 reife Avocado
je 2 gelbe und grüne Kiwis
30 g junger Spinat
2 EL Limettensaft
½ TL Matcha-Pulver (siehe Tipp)
250 g Buttermilch
3 EL kernige Dinkelflocken
2 TL Chiasamen

Nährwerte pro Portion:
450 kcal, 12 g EW, 20 g F, 41 g KH, 18 g BST

+ Den Sesam in einer Pfanne ohne Fett hell rösten. Herausnehmen und abkühlen lassen. Inzwischen die Beeren verlesen, waschen und trocken tupfen.

+ Die Avocado halbieren, den Stein entfernen und das Fruchtfleisch schälen. Beide gelben und 1 grüne Kiwi schälen und grob schneiden, die übrige grüne Kiwi schälen, längs halbieren und in Scheiben schneiden. Den Spinat verlesen, waschen und trocken schleudern.

+ Avocado, Kiwistücke, Spinat und Limettensaft mit dem Matcha-Pulver und der Buttermilch im Mixer dickcremig pürieren. Zum Servieren den Smoothie auf Schalen (Bowls) verteilen. Die grünen Kiwischeiben mit Dinkelflocken, Beeren, Sesam und Chiasamen streifenförmig garnieren.

Tipp: Das leuchtend grüne Matcha-Pulver besteht aus gemahlenen Grünteeblättern der japanischen Tencha-Pflanze. Reich an Antioxidantien, wirkt es entzündungshemmend und aufgrund seines hohen Teingehalts als echter Wachmacher.

Die Ernährungs-Docs

Der belebende Löffel-Smoothie aus Kiwis, Beeren und Spinat steckt voller Vitamin C, das unser Körper benötigt, um Kollagen zu bilden. Dieses befindet sich im Binde- und Stützgewebe und sorgt für gesunde Haut, Knochen und Zähne. Eine weitere wichtige Funktion von Vitamin C beruht auf seinem antioxidativen Effekt: Es schützt Zellen vor freien Radikalen, die die Zellmembran und den Zellkern schädigen und das Altern der Haut mitverursachen. Vitamin C wirkt meist nicht isoliert, sondern im Team mit anderen Antioxidantien – hier mit Vitamin E in der Avocado, Vitamin B_2 in der Buttermilch, Selen und Zink in Flocken und Chiasamen.

Chia-Aprikosen-Pudding

Akne | Neurodermitis | Rosazea | Schuppenflechte

Für 2 Personen
Zubereitungszeit: 25 Minuten
Quellen: 8 Stunden,
über Nacht

300 ml ungesüßter Mandeldrink
30 g Chiasamen
10 g Gold-Leinsamen
(siehe Tipp)
½ TL gemahlene Vanille
½ reife Banane
1 EL Mandeln
150 g Aprikosen
2 getrocknete Soft-Aprikosen
1 kleiner süßlicher Apfel
(z. B. Jonathan)
50 g Heidelbeeren

Nährwerte pro Portion:
290 kcal, 8 g EW, 11 g F,
30 g KH, 14 g BST

+ Am Vortag den Mandeldrink mit Chiasamen, Leinsamen und Vanille in einer Schüssel gut verrühren und etwa 10 Minuten quellen lassen. Inzwischen die Banane schälen, mit einer Gabel zerdrücken und zur Chia-Mischung geben. Alles durchrühren und auf Gläser verteilen. Den Mix zum Quellen etwa 8 Stunden, am besten über Nacht, in den Kühlschrank stellen, bis er eine geleeartige Konsistenz hat.

+ Am nächsten Tag die Mandeln grob hacken und in einer Pfanne ohne Fett hell rösten. Herausnehmen und auf einem Teller abkühlen lassen. Die Aprikosen waschen, halbieren und grob schneiden. Die Soft-Aprikosen würfeln.

+ Beide Aprikosensorten in einem hohen Rührbecher mit dem Stabmixer glatt pürieren. Den Apfel waschen, vierteln, entkernen und klein würfeln. Die Heidelbeeren verlesen, waschen und trocken tupfen, mit den Apfelstücken mischen.

+ Zum Servieren den gekühlten Chia-Pudding jeweils mit einer Schicht Aprikosenpüree bedecken. Den Apfel-Heidelbeer-Mix darauf verteilen und mit den gehackten Mandeln bestreuen.

Die Ernährungs-Docs

Chiasamen waren schon bei den Azteken und Maya geschätzt. Kein Wunder, denn sie liefern gleich mehrere gesunde Inhaltsstoffe. Sie punkten nicht nur mit reichlich Eiweiß (bis zu 25 Prozent), sondern auch mit Ballaststoffen (bis zu 30 Prozent), die zu den unverdaulichen Pflanzenfasern zählen und die Darmtätigkeit anregen. Außerdem enthalten die kleinen Samen für die Haut wertvolle ungesättigte Fettsäuren – und diese auch noch in einem besonders günstigen Verhältnis von Omega-6- zu Omega-3-Fettsäuren.

Overnight Chai Oats mit Obst

Akne | Rosazea | Schuppenflechte

Für 2 Personen
Zubereitungszeit: 30 Minuten
Einweichen: 8 Stunden, über Nacht

4 Aufgussbeutel Sweet Chai Tea
100 g zarte Haferflocken
¼ l glutenfreier ungesüßter Haferdrink
1 EL Cashewkerne
1 EL Mandeln
1 EL Walnusskerne
1 EL Haselnusskerne
1 Papaya (ca. 350 g)
125 g Erdbeeren

Nährwerte pro Portion:
450 kcal, 12 g EW, 17 g F, 55 g KH, 12 g BST

+ Am Vortag die Chai-Teebeutel in einem kleinen Topf mit 100 ml kochend heißem Wasser überbrühen und etwa 10 Minuten ziehen lassen. Die Beutel herausnehmen und gut ausdrücken, den Tee abkühlen lassen. Danach die Haferflocken, 100 ml Haferdrink und den Chai-Tee in einer Schüssel verrühren und abgedeckt mindestens 8 Stunden, am besten über Nacht, im Kühlschrank einweichen.

+ Am nächsten Tag Cashewkerne, Mandeln, Walnüsse und Haselnüsse grob hacken. In einer Pfanne ohne Fett hell rösten. Herausnehmen und abkühlen lassen.

+ Die Papaya halbieren, entkernen und schälen. Das Fruchtfleisch mit einem Melonenausstecher als kleine Kugeln ausstechen oder in dünne Spalten schneiden. Die Erdbeeren waschen, putzen und je nach Größe halbieren oder vierteln.

+ Zum Servieren die Haferflocken auf Schalen verteilen. Den Nuss-Mix und die Früchte daraufgeben. Alles mit dem restlichen Haferdrink übergießen und nach Belieben mit Minzeblättern garnieren.

Die Ernährungs-Docs

Ob als Flocken im Müsli oder als Drink im Porridge: Hafer regt mit jeder Menge B-Vitaminen und Spurenelementen die Zellerneuerung an, stärkt das Bindegewebe und wirkt wie ein natürliches Hautpflegemittel von innen. Aus der Gruppe der B-Vitamine gilt die Pantothensäure (Vitamin B_5) als die Königin der Hautvitamine. Sie liefert den Zellen Nährstoffe und Wasser, um Falten zu verringern. Das „Beauty-Vitamin" Biotin bietet Hilfe gegen fahle oder schuppende Haut und bei Haarausfall. Der Mineralstoff Zink stärkt die Abwehrkraft (50 g Haferflocken decken 25 Prozent des Zinktagesbedarfs) und sorgt für kräftige Haare und Fingernägel.

Warmes Hirse-Birnen-Müsli mit Datteln

Akne | Neurodermitis | Rosazea

Für 2 Personen
Zubereitungszeit: 35 Minuten

100 g Hirse
½ Vanilleschote
½ l ungesüßter Mandeldrink
½ Zimtstange
1 EL Mandeln
1 EL Kürbiskerne
1 EL Pinienkerne
2 getrocknete Datteln
1 Birne (ca. 175 g)
1 Banane
50 g Heidelbeeren

Nährwerte pro Portion:
460 kcal, 12 g EW, 13 g F,
68 g KH, 10 g BST

+ Die Hirse in einem Sieb so lange heiß abbrausen, bis das Wasser klar bleibt. Die Vanilleschote längs aufschneiden und das Mark herauskratzen. Den Mandeldrink mit Hirse, Zimtstange, Vanilleschote und -mark in einem Topf aufkochen. Dann die Hirse mit geschlossenem Deckel bei milder Hitze 10 bis 12 Minuten quellen lassen.

+ Inzwischen Mandeln, Kürbis- und Pinienkerne in einer Pfanne ohne Fett hell rösten. Herausnehmen, abkühlen lassen und hacken. Die Datteln halbieren, entsteinen und in Streifen schneiden. Die Birne waschen, vierteln und entkernen. 3 Viertel quer in dünne Scheiben, den Rest längs in Spalten schneiden. Banane schälen und in Scheiben schneiden. Heidelbeeren verlesen, waschen und trocken tupfen.

+ Die Hirse vom Herd nehmen. Datteln, Birnenscheiben und zwei Drittel der Kerne untermischen und alles mit geschlossenem Deckel noch etwa 5 Minuten ziehen lassen. Zum Servieren den Hirse-Mix auf Schalen verteilen. Birnenspalten, Bananenscheiben und Heidelbeeren darauf anrichten und alles mit dem übrigen Nuss-Mix bestreuen.

Die Ernährungs-Docs

Hirse enthält kein Gluten (Klebereiweiß) und ist deshalb für Allergiker und Menschen mit Lebensmittelunverträglichkeiten gut geeignet. Ein Pluspunkt des Getreides ist sein hoher Anteil an Silizium, das der Körper für Haut, Haare und Nägel braucht. Denn das Bindegewebe direkt unter der Haut verdankt dem Spurenelement seine Elastizität: Es unterstützt über Enzyme die Bildung von Bindegewebsfasern und beugt Cellulite vor. Auch der Hautstoffwechsel wird positiv beeinflusst: Die Haut kann Feuchtigkeit leichter aufnehmen, trockene und rissige Stellen werden deutlich reduziert.

Kokos-Clementinen-Porridge

Akne | Rosazea | Schuppenflechte

Für 2 Personen
Zubereitungszeit: 25 Minuten

½ l ungesüßter Kokosdrink
80 g kernige Dinkelflocken
2 EL Cashew- oder Mandelmus
1 EL Sonnenblumenkerne
1 EL Leinsamen (siehe Tipp)
1 EL geschälte Flohsamenschalen
2 Clementinen
½ Granatapfel
¼ TL Zimtpulver
1 EL Kokoschips

Nährwerte pro Portion:
470 kcal, 16 g EW, 16 g F, 59 g KH, 15 g BST

+ In einem kleinen Topf den Kokosdrink mit Dinkelflocken und Cashew- oder Mandelmus aufkochen und bei milder Hitze unter Rühren etwa 15 Minuten garen. Falls das Porridge zu fest wird, noch bis zu 50 ml Wasser unterrühren. Kerne und Samen mischen, unter das Porridge rühren und alles mit geschlossenem Deckel auf dem abgeschalteten Herd noch etwa 5 Minuten ziehen lassen.

+ Inzwischen die Clementinen schälen und in Spalten teilen. Die Kerne aus der Granatapfelhälfte lösen und von den weißen Häutchen befreien (Achtung, das spritzt!).

+ Zum Servieren das Porridge auf Schalen verteilen. Die Clementinen daraufsetzen und mit den Granatapfelkernen bestreuen. Mit etwas Zimt bestäuben und mit den Kokoschips bestreuen.

Tipp: Weil die Lein- und Flohsamen im Darm aufquellen, sollten Sie, wie auch bei Chiasamen, ausreichend dazu trinken.

Die Ernährungs-Docs

Exotisch und laktosefrei – Kokosdrink ist für all jene, die auf Milcheiweiß allergisch reagieren, eine willkommene pflanzliche Alternative zu Kuhmilch. Im Unterschied zur cremigen Kokosmilch (mit 15–25 g Fett pro 100 g) besteht Kokosdrink aus Kokosnussextrakt – also dem gepressten Fruchtfleisch der Kokosnuss, das mit Wasser verdünnt wird und deshalb einen niedrigeren Fettgehalt (ca. 1 g/100 g) aufweist. Allerdings sind sowohl im Kokosdrink als auch in der Kokosmilch vor allem gesättigte Fettsäuren enthalten, weshalb man sie nur in Maßen konsumieren sollte. Übrigens: Das gilt nicht für Kokoswasser. Die leicht milchige Flüssigkeit der noch unreifen, grünen Kokosnuss ist ein kalorienarmes und mineralstoffreiches Getränk.

Himbeer-Avocado-Smoothie

Akne | Rosazea | Schuppenflechte

Für 2 Personen
Zubereitungszeit: 10 Minuten

1 kleine reife Avocado
½ Banane, 100 g Himbeeren
3 Basilikumstiele
1 ½ EL Limettensaft
2 EL veganer ungesüßter Kokosjoghurt
1 ½ EL geschälte Hanfsamen (aus dem Bioladen)
300 ml ungesüßter Kokosdrink

Nährwerte pro Portion: 260 kcal, 7 g EW, 16 g F, 17 g KH, 8 g BST

+ Die Avocado halbieren, den Stein entfernen und das Fruchtfleisch schälen. Die Banane schälen und grob schneiden. Die Himbeeren verlesen, waschen und trocken tupfen. Das Basilikum waschen, trocken schütteln und die Blätter abzupfen, dabei einige kleine Blätter zum Garnieren beiseitelegen.

+ Avocado, Banane und Himbeeren mit Basilikum, Limettensaft, Kokosjoghurt und 1 EL Hanfsamen in den Mixer geben. Den Kokosdrink dazugießen. Alles erst auf kleiner Stufe mixen, dann auf höchster Stufe cremig-fein pürieren. Den Smoothie nach Belieben mit 2 TL Agavendicksaft süßen. Falls er zu dickflüssig ist, noch bis zu 50 ml Wasser untermixen. Zum Servieren den Smoothie auf Gläser verteilen und mit den übrigen Hanfsamen bestreuen. Mit dem beiseitegelegten Basilikum und nach Belieben mit frischen Himbeeren garnieren.

Möhrengrün-Mango-Smoothie

Akne | Neurodermitis | Rosazea | Schuppenflechte

Für 2 Personen
Zubereitungszeit: 10 Minuten

50 g Grün von 3–4 Möhren
100 g Mangoldblätter
250 g Mangofruchtfleisch
2 Mini-Gurken, 2 TL Leinöl
¼ l Kokoswasser

Nährwerte pro Portion: 200 kcal, 4 g EW, 6 g F, 27 g KH, 7 g BST

+ Das Möhrengrün und die Mangoldblätter putzen, waschen und grob zerkleinern. Die Mango schälen und in Stücke schneiden. Die Gurken waschen, 2 dünne Scheiben abschneiden und zum Garnieren beiseitelegen, den Rest grob zerkleinern.

+ Möhrengrün und Mangold mit Mango und Gurken in den Mixer geben. Leinöl und Kokoswasser hinzufügen und alles erst auf kleiner Stufe mixen, dann auf höchster Stufe cremig-fein pürieren.

+ Den Drink in Gläser füllen. Die beiseitegelegten Gurkenscheiben einschneiden und jeweils an den Glasrand stecken.

Feines Dinkel-Hafer-Vollkornbrot

Akne | Neurodermitis | Rosazea | Schuppenflechte

Für 1 Brot (18 Scheiben)
Zubereitungszeit: 30 Minuten
Gehen: 1 Stunde 15 Minuten
Backen: 1 Stunde

400 g Dinkelvollkornmehl
50 g Haferkleie
50 g zarte Haferflocken
1 Würfel Hefe (ca. 42 g)
50 g Leinsamen
50 g Kürbiskerne
50 g Sonnenblumenkerne
1 TL Zuckerrübensirup
1 TL Salz
Dinkelmehl für die Arbeitsfläche

Nährwerte pro Scheibe:
150 kcal, 6 g EW, 4 g F,
19 g KH, 4 g BST

+ Dinkelmehl, Haferkleie und Haferflocken in einer Rührschüssel mischen. In die Mitte eine Mulde drücken, die Hefe hineinbröckeln. 150 ml lauwarmes Wasser in die Mulde gießen und mit der Hefe verrühren. Den Vorteig zugedeckt an einem warmen Ort etwa 15 Minuten gehen lassen, bis er Blasen wirft.

+ Inzwischen Leinsamen, Kürbis- und Sonnenblumenkerne mischen und zwei Drittel davon mit dem Sirup und Salz zum Teig geben. 150 ml lauwarmes Wasser hinzufügen und alle Zutaten mit den Knethaken des Handrührgeräts glatt verkneten. Falls der Teig zu trocken ist, noch bis zu 50 ml lauwarmes Wasser unterkneten. Den Teig zugedeckt an einem warmen Ort etwa 1 Stunde gehen lassen. Den Backofen auf 200 °C vorheizen. Ein Backblech mit Backpapier belegen.

+ Den Teig auf der leicht bemehlten Arbeitsfläche mit den Händen etwa 5 Minuten durchkneten, zu einem Laib (ca. 25 cm lang) formen und auf das Blech legen. Mit lauwarmem Wasser bestreichen, die restlichen Kernen darüberstreuen und andrücken. Das Brot im Ofen auf der mittleren Schiene etwa 1 Stunde backen. Herausnehmen und auf einem Kuchengitter vollständig abkühlen lassen. Das Brot hält sich im Brotkasten oder im Kühlschrank etwa 1 Woche.

Die Ernährungs-Docs

Wer auf Weizen allergisch oder mit Rötungen und Juckreiz reagiert, greift am besten zu Dinkel. Der Verwandte des Weizens zählt zu den allergen- und reizstoffarmen Lebensmitteln und wird meist ohne Beschwerden vertragen. Jede Getreidesorte entwickelt ihr eigenes Gluten (Klebereiweiß), das ein Mix aus zwei Proteingruppen ist – den Prolaminen und den Glutelinen. Laut Experten gilt Dinkelgluten selbst bei Neurodermitis und Nahrungsmittelallergien als äußerst verträglich.

Mandel-Quark-Brot

Akne | Neurodermitis | Rosazea | Schuppenflechte

Für 1 Brot (20 Scheiben)
Zubereitungszeit: 20 Minuten
Quellen: 30 Minuten
Backen: 1 Stunde

100 g Mandeln
150 g Buchweizenvollkornmehl
150 g Leinsamenmehl (aus dem Bioladen)
40 g geschälte Flohsamenschalen
50 g Leinsamen
2 TL Brotgewürz
1 TL Salz
1 Pck. Weinsteinbackpulver
500 g Magerquark (bei individueller Verträglichkeit bei Neurodermitis; ersatzweise Schafquark bei Akne)
Öl für die Form

Nährwerte pro Scheibe (1 Portion = 2 Scheiben): 120 kcal, 8 g EW, 6 g F, 7 g KH, 6 g BST

+ Die Mandeln in einer Pfanne ohne Fett hell rösten. Herausnehmen und abkühlen lassen, dann hacken. Buchweizen- und Leinsamenmehl in einer Rührschüssel mit den Flohsamenschalen, 40 g Leinsamen, Brotgewürz, Salz und Backpulver mischen. Quark, gehackte Mandeln und 150 ml Wasser dazugeben und alle Zutaten mit den Knethaken des Handrührgeräts glatt verkneten.

+ Eine Kastenform (ca. 25 cm Länge) mit Öl einfetten. Den Teig zu einem länglichen Laib formen. In die Form setzen, glatt streichen und bei Raumtemperatur etwa 30 Minuten quellen lassen.

+ Inzwischen den Backofen auf 180 °C vorheizen. Den Teig mit lauwarmem Wasser bestreichen und mit dem übrigen Leinsamen bestreuen. Im Ofen auf der mittleren Schiene etwa 1 Stunde backen (Stäbchenprobe siehe Tipp). Herausnehmen und auf einem Kuchengitter abkühlen lassen. Das Brot hält sich im Brotkasten oder Kühlschrank etwa 1 Woche.

Tipp: Mit einem einfachen Test finden Sie heraus, ob das Brot fertig ist: Ein Holzstäbchen hineinstecken. Nach dem Herausziehen sollte kein Teig daran haften, ansonsten das Brot noch kurz weiterbacken.

Die Ernährungs-Docs

In diesem Low-Carb-Brot stecken Magerquark, Mandeln, Buchweizen- und Leinsamenmehl – alles Top-Eiweißquellen für unsere Haut. Lebenswichtige Aminosäuren gelangen über das Blut in die Haut und werden dort unter anderem zu Bindegewebe verknüpft, das Haut und Haare straff hält und ihre Festigkeit fördert. Bei Eiweißmangel erschlafft das Bindegewebe, weil es an den Proteinen Kollagen und Elastin fehlt. Das Plus: Pflanzeneiweiß liefert anders als Fleisch keine entzündungsfördernde Arachidonsäure mit.

Pastinaken-Amarant-Brötchen

Akne | Neurodermitis | Rosazea | Schuppenflechte

Für 8 Stück
Zubereitungszeit: 35 Minuten
Ruhen: 1 Stunde 15 Minuten
Backen: 20–25 Minuten

300 g Dinkelvollkornmehl
1/2 TL Salz
1/2 Würfel Hefe (ca. 21 g)
1 TL Apfeldicksaft
150 g Pastinaken
1/2 süßlicher Apfel
(z. B. Elstar; ca. 100 g)
30 g Walnusskerne
50 g gepuffter Amarant
Dinkelmehl zum Arbeiten

Nährwerte pro Stück:
210 kcal, 7 g EW, 5 g F,
33 g KH, 4 g BST

+ Mehl und Salz in eine Rührschüssel geben, in die Mitte eine Mulde drücken. Die Hefe zerkrümeln und mit dem Dicksaft in 175 ml lauwarmem Wasser auflösen. Den Hefe-Mix in die Mehlmulde gießen und alles mit den Knethaken des Handrührgeräts glatt verkneten. Den Teig zugedeckt an einem warmen Ort etwa 45 Minuten gehen lassen.

+ Inzwischen die Pastinaken putzen, schälen, grob schneiden und im Blitzhacker etwa 45 Sekunden zu einer Art Bulgur zerkleinern (Achtung, sie sollen nicht musig werden!). Apfel waschen und auf der Gemüsereibe bis auf das Kerngehäuse grob raspeln. Nüsse hacken.

+ Ein Backblech mit Backpapier belegen. Pastinaken, Apfel, Nüsse und Amarant unter den Teig kneten. Aus dem Teig mit den Händen auf der leicht bemehlten Arbeitsfläche 8 Brötchen formen. Nebeneinander auf das Blech setzen, über Kreuz einschneiden und zugedeckt etwa 30 Minuten gehen lassen. Den Backofen auf 190 °C vorheizen.

+ Die Brötchen im Ofen auf der mittleren Schiene 20 bis 25 Minuten hellbraun backen. Dann herausnehmen und auf einem Kuchengitter abkühlen lassen. Sie halten sich im Brotkasten oder im Kühlschrank 3 bis 4 Tage. Die Brötchen kann man sehr gut einfrieren, bei Bedarf einfach portionsweise entnehmen und aufbacken.

Die Ernährungs-Docs

Pastinaken enthalten viele Präbiotika, also unverdauliche Ballaststoffe wie Inulin. Sie sind ein hervorragendes „Futter" für die „guten" Darmbakterien, die daraus kurzkettige Fettsäuren herstellen. Diese dienen den Darmzellen als Nahrung. Zudem regen die Mikroben die Darmtätigkeit an, verhindern die Besiedlung mit ungünstigen Keimen und unterstützen so das Immunsystem bei Hautproblemen im Kampf gegen entzündliche Prozesse.

Wahre Schönheit kommt von innen

Um ständig neue Zellen aufzubauen, braucht die Haut vor allem Fett und Eiweiß. Gesunde Proteine und hochwertige Fettsäuren pflegen von innen. Hier stellen wir Ihnen fünf Lebensmittel vor, die Top-Lieferanten für Eiweiß und gesunde Fette sind.

Buttermilch

Sie ist eigentlich ein Nebenprodukt aus der Butterherstellung, wird aber heute zum Glück als gesunde und erfrischende Eiweißquelle geschätzt – ebenso wie Kefir, Quark, Joghurt und andere fettarme Milchprodukte. Buttermilch und Co. unterstützen den Aufbau neuer Zellen und stärken das Bindegewebe. Außerdem sind sie reich an Vitamin A, B_{12}, Zink, Magnesium und Kalzium.

Fettreiche (See-)Fische

Ob Lachs, Makrele, Hering oder Thunfisch – die Omega-3-Fettsäuren aus Seefischen bremsen Entzündungen und verzögern die Hautalterung, denn sie unterstützen den natürlichen Fettstoffwechsel der Haut. Außerdem regen sie die Bildung von Kollagen an, das die Haut feucht und elastisch hält.

Avocado

Die Trendfrucht hilft der Haut gleich mehrfach in Form von einfach ungesättigten Fettsäuren, B-Vitaminen und Vitamin E für die Zellregeneration. Das enthaltene Biotin ist auch gut für Haut, Haare und Nägel. Wer seine Haut pflegen will, isst die Avocado nicht nur. Auch als Creme oder Gesichtsmaske stärkt sie das Bindegewebe und macht die Haut weicher. Achten Sie beim Einkauf auf ökologischen Anbau der Avocado!

Hülsenfrüchte

Das Spurenelement Zink, das in eiweißreichen Hülsenfrüchten wie Linsen, Bohnen und Erbsen steckt, lindert Entzündungen, lässt die Haut bei Verletzungen schneller heilen und stärkt das Bindegewebe. Typisch bei Zinkmangel sind eingerissene Mundwinkel und Ekzeme. Hülsenfrüchte enthalten außerdem Pantothensäure, Magnesium und Eisen, die ebenfalls als wertvolle Unterstützer der Haut gelten.

Nüsse und Samen

Die kleinen Kerne haben es in sich, denn schon geringe Mengen zeigen große Wirkung: Walnüsse, Haselnüsse, Kürbiskerne, Leinsamen und Mandeln wirken mit Vitamin A und E, B-Vitaminen und Omega-3-Fettsäuren sowie Mineralstoffen (Kalzium, Eisen, Magnesium) mehrfach positiv, indem sie Haut und Haare kräftigen. Vitamin A wird dabei seinem Ruf als Schönheitsvitamin gerecht, Vitamin E wirkt antioxidativ.

Pflanzenöle

Keine Angst vor Fett, solange es das richtige ist, lautet die Devise für die Haut. Hochwertige Pflanzenöle wie natives Hanf-, Lein-, Raps-, Walnuss- und Olivenöl sind reich an ungesättigten Fettsäuren. Sie unterstützen den Zellaufbau und machen es dem Körper leichter, wichtige fettlösliche Vitamine aufzunehmen. Die in ihnen enthaltenen Fettsäuren verlangsamen die Alterung und schützen das Erbgut.

Rote-Bete-Hummus

Akne | Neurodermitis | Rosazea | Schuppenflechte

Für 4 Personen
Zubereitungszeit: 1 Stunde

1 Rote Bete (ca. 200 g), Salz
120 g Kichererbsen (aus der Dose; bei individueller Verträglichkeit bei Neurodermitis)
30 g helles Tahin (Sesampaste)
1 EL kalt gepresstes Olivenöl
Pfeffer aus der Mühle
1 TL gemahlener Kreuzkümmel

Nährwerte pro Portion: 130 kcal, 4 g EW, 7 g F, 11 g KH, 3 g BST

+ Rote Bete putzen, waschen, mit geschlossenem Deckel in Salzwasser bei mittlerer Hitze etwa 45 Minuten garen. Dann abgießen, kalt abschrecken, abtropfen lassen, schälen und würfeln (dabei am besten Einweghandschuhe tragen, da die Knollen stark abfärben).

+ Inzwischen die Kichererbsen mit Roter Bete, Tahin und Öl im Blitzhacker glatt pürieren. Mit Salz, Pfeffer und Kreuzkümmel abschmecken. Zum Servieren den Hummus nach Belieben mit 1 EL gehackter Petersilie bestreut. Dazu passen Vollkornbrot oder Gemüsesticks. Der Aufstrich hält sich gekühlt 4 bis 5 Tage.

Tipp: Neurodermitis-Patienten sollten Hülsenfrüchte am besten immer selbst garen. Wer davon nicht betroffen ist, kann auch Dosenware verwenden – vor dem Verwenden in einem Sieb abbrausen.

Kerniger Rucolaaufstrich

Akne | Rosazea | Schuppenflechte

Für 4 Personen
Zubereitungszeit: 10 Minuten

20 g natives Kokosöl
30 g Kürbiskerne
30 g geschälte Hanfsamen
30 g Rucola, 60 g Schafquark
½ TL abgeriebene Bio-Zitronenschale, Salz, Pfeffer

Nährwerte pro Portion: 150 kcal, 7 g EW, 13 g F, 1 g KH, 1 g BST

+ Das Öl in einer Pfanne erhitzen, Kürbiskerne und Hanfsamen dazugeben und bei mittlerer Hitze unter Rühren leicht rösten. Herausnehmen und abkühlen lassen. Inzwischen den Rucola verlesen, waschen und trocken schleudern, einige Blätter zum Garnieren beiseitelegen, den Rest grob hacken.

+ Den Rucola mit dem Kerne-Mix im Blitzhacker glatt pürieren und den Schafquark gleichmäßig unterrühren. Den Aufstrich mit Zitronenschale, Salz und Pfeffer abschmecken. Zum Servieren mit den beiseitegelegten Rucolablättern garnieren. Dazu schmecken Vollkornbrot oder -brötchen. Im Kühlschrank hält sich der Rucolaaufstrich etwa 1 Woche.

Powerbrötchen mit Kürbiskernquark

Akne | Rosazea | Schuppenflechte

Für 2 Personen
Zubereitungszeit: 15 Minuten

40 g Kürbiskerne
200 g Magerquark (ersatzweise Schafquark bei Akne)
1 EL Kürbiskernöl
1 TL abgeriebene Bio-Orangenschale
Salz, Pfeffer aus der Mühle
4 Cocktailtomaten (bei individueller Verträglichkeit bei Schuppenflechte)
je 1 rote und gelbe Snack-Paprikaschote (bei individueller Verträglichkeit bei Schuppenflechte)
½ Mini-Gurke (ca. 60 g)
2 Dinkelvollkornbrötchen (à ca. 100 g)
½ Bund Schnittlauch

Nährwerte pro Portion:
520 kcal, 30 g EW, 21 g F, 47 g KH, 9 g BST

+ Die Kürbiskerne in einer Pfanne ohne Fett hell rösten, bis sie duften und aufplatzen. Herausnehmen und abkühlen lassen. Ein Viertel der Kerne zum Garnieren beiseitelegen. Den Rest hacken, mit Quark und Öl verrühren und mit Orangenschale, Salz und Pfeffer würzen.

+ Die Tomaten waschen und vierteln. Die Paprika halbieren, entkernen, waschen und quer in Streifen schneiden. Die Gurke waschen und in dünne Scheiben schneiden.

+ Die Brötchen waagrecht halbieren. Den Kürbiskernquark auf alle Brötchenhälften streichen. Die Tomaten, Paprika und Gurke auf dem Quark verteilen. Den Schnittlauch waschen, trocken schütteln und in feine Röllchen schneiden. Zum Servieren den Schnittlauch mit den beiseitegelegten Kürbiskernen auf die Brötchenhälften streuen.

Die Ernährungs-Docs

Für eine gesunde Haut ist eine eiweißreiche Ernährung besonders wichtig. Fettarme Milchprodukte wie Magerquark liefern hochwertige Proteine und sind gleichzeitig eine gute Quelle für Kalzium, Magnesium, Zink, Vitamin A, B_{12} und B_2. Als Aufstrich auf einem Vollkornbrötchen oder -brot wird daraus ein perfektes Frühstück: Die Kombi aus vielen Ballaststoffen und langsam verdaulichen Kohlenhydraten im Getreide sowie wertvollem Eiweiß im Quark sättigt lange und lässt den Blutzuckerspiegel nur langsam und nicht so stark ansteigen. Dadurch muss der Körper weniger Insulin ausschütten, was das Risiko für entzündliche Prozesse reduziert. Schnell und leicht verfügbare Kohlenhydrate in Zucker und Weißmehlprodukten sind eher ungünstig.

Frischkäse-Spargel-Brot mit Bresaola

Akne | Neurodermitis | Rosazea | Schuppenflechte

Für 2 Personen
Zubereitungszeit: 25 Minuten

2 TL Pinienkerne
200 g grüner Spargel
1 EL kalt gepresstes Olivenöl
Salz, Pfeffer aus der Mühle
2 Basilikumstiele
2 TL Hanföl
100 g Frischkäse (Halbfettstufe; ersatzweise Ziegenfrischkäse bei Akne)
4 Scheiben Dinkelvollkornbrot (à ca. 50 g)
40 g Bresaola vom Rinderfilet (in dünnen Scheiben; italien. luftgetrockneter Schinken; ersatzweise Rinder- oder Putenschinken)

Nährwerte pro Portion:
480 kcal, 24 g EW, 16 g F, 53 g KH, 10 g BST

+ Die Pinienkerne in einer Pfanne ohne Fett hell rösten. Herausnehmen und abkühlen lassen.

+ Inzwischen den Spargel waschen, im unteren Drittel schälen und die holzigen Enden abschneiden. Den Spargel erst längs, dann quer halbieren. Das Öl in der Pfanne erhitzen und den Spargel darin bei mittlerer Hitze 6 bis 7 Minuten braten, mit Salz und Pfeffer würzen.

+ Das Basilikum waschen, trocken schütteln, die Blätter abzupfen. Einige Blätter zum Garnieren beiseitelegen, den Rest in feine Streifen schneiden und mit dem Hanföl unter den Frischkäse mischen.

+ Die Brote mit dem Basilikumfrischkäse bestreichen und die Spargelstücke diagonal darauflegen. Den Bresaola dazu anrichten. Zum Servieren mit den Pinienkernen bestreuen und mit den beiseitegelegten Basilikumblättern garnieren.

Die Ernährungs-Docs

Es gibt gute Gründe, nicht nur im Frühling öfter Spargel zu essen. Die feinen Stangen zählen zu den allergenärmsten Gemüsen überhaupt und werden von Neurodermitikern gut vertragen. Weiterer Pluspunkt: Spargel enthält Saponine – das sind wertvolle sekundäre Pflanzenstoffe, denen eine entzündungshemmende Wirkung bei Hautunreinheiten sowie juckender und gereizter Haut zugeschrieben wird.

Hüttenkäserührei mit Grapefruit-Avocado-Salat

Akne | Rosazea | Schuppenflechte

Für 2 Personen
Zubereitungszeit: 25 Minuten

1 rosa Grapefruit
1/4 Granatapfel
1 reife Avocado
Salz, Pfeffer aus der Mühle
2 TL Leinöl
3 Bio-Eier (Größe M)
1 Msp. Chiliflocken
2 TL kalt gepresstes Olivenöl
2 EL körniger Frischkäse (am besten Halbfettstufe; ersatzweise Ziegenfrischkäse bei Akne)
1 EL gehackte Petersilie

Nährwerte pro Portion:
500 kcal, 16 g EW, 34 g F, 25 g KH, 7 g BST

+ Die Grapefruit so großzügig schälen, dass auch die weiße Haut mit entfernt wird. Die Filets zwischen den einzelnen Trennhäuten herausschneiden, den austretenden Saft auffangen und den Rest der Grapefruit gut ausdrücken. Die Kerne aus dem Granatapfelstück lösen und von den weißen Häutchen befreien (Achtung, das spritzt!). Die Avocado halbieren, den Stein entfernen, das Fruchtfleisch schälen und längs in Spalten schneiden.

+ Grapefruitfilets und Avocado auf großen Tellern anrichten. Den aufgefangenen Grapefruitsaft mit Salz, Pfeffer und Leinöl verquirlen und darüberträufeln. Mit den Granatapfelkernen bestreuen.

+ Die Eier in einer Rührschüssel mit 2 EL Wasser verquirlen und mit Salz, Pfeffer und Chiliflocken würzen. Das Öl in einer beschichteten Pfanne erhitzen und die Eiermasse darin bei mittlerer Hitze 2 bis 3 Minuten stocken lassen. Den Hüttenkäse in Flöckchen auf der Eiermasse verteilen, alles leicht durchrühren und noch etwa 1 Minute stocken lassen.

+ Zum Servieren das Rührei neben dem Salat anrichten und alles mit Petersilie bestreuen. Dazu passt Vollkornbrot.

Die Ernährungs-Docs

Hüttenkäse sticht als Frischkäsesorte unter den Milchprodukten mit einem hohen Eiweißgehalt hervor: Er enthält fast viermal so viel Protein wie Vollmilch und dreimal so viel wie Vollmilchjoghurt. Da Proteine nur langsam verdaut werden, halten Gerichte und vor allem ein Frühstück mit Hüttenkäse lange satt. Ein weiteres Plus: Mit weniger als 4 Prozent Fett ist er auch noch extrem fettarm.

Zucchini-Löwenzahn-Omelett mit Lachs

Akne | Rosazea | Schuppenflechte

Für 2 Personen
Zubereitungszeit: 35 Minuten

100 g junge Zucchini
100 g Löwenzahn (ersatzweise Rucola oder Endivien; beim Selbstpflücken nur junge, zarte Triebe vor der Blüte verwenden)
4 Bio-Eier (Größe M)
4 EL glutenfreier ungesüßter Haferdrink
Salz, Pfeffer aus der Mühle
3 EL kalt gepresstes Olivenöl
1 TL abgeriebene Bio-Zitronenschale
100 g Graved Lachs (in dünnen Scheiben)

Nährwerte pro Portion:
440 kcal, 25 g EW, 33 g F, 11 g KH, 2 g BST

+ Die Zucchini putzen, waschen und auf der Gemüsereibe in etwa 3 mm dünne Scheiben hobeln. Löwenzahn verlesen, waschen, trocken schütteln und nach Belieben grob schneiden. Die Eier mit dem Haferdrink, etwas Salz und Pfeffer in einer Schüssel kräftig verquirlen.

+ Backofen auf 80 °C (Umluft nicht empfehlenswert) vorheizen. In einer kleinen beschichteten Pfanne (ca. 18 cm Durchmesser) 1 EL Öl erhitzen. Die Hälfte der Zucchini darin bei mittlerer Hitze auf jeder Seite etwa 1 Minute braten, leicht salzen. Die Hälfte der Eiermasse über den Zucchini verteilen und mit geschlossenem Deckel bei milder bis mittlerer Hitze 4 bis 5 Minuten stocken lassen. Das Omelett auf einem Teller im Ofen auf der mittleren Schiene warm halten. Mit 1 EL Öl, restlicher Zucchini und übriger Eiermasse ein zweites Omelett zubereiten und ebenfalls im Ofen warm halten.

+ Den Löwenzahn in der Pfanne im übrigen Öl bei mittlerer Hitze 1 bis 2 Minuten zusammenfallen lassen. Mit Salz, Pfeffer und Zitronenschale würzen. Zum Servieren die Omeletts auf Teller legen, den Lachs grob darüberzupfen und den Löwenzahn daraufsetzen. Dazu passt Vollkornbrot.

Die Ernährungs-Docs

Der zarte Frühlings-Löwenzahn enthält sekundäre Pflanzenstoffe wie Inulin, Cholin und den Bitterstoff Taraxin. Dieser wirkt sanft harntreibend und stärkt die Leber- und Gallenfunktion. Ein Plus für die Haut! Denn wenn die Produktion von Galle angeregt wird, können mehr Schadstoffe, die für unreine Haut und Juckreiz verantwortlich sind, ausgeschieden werden – Taraxin wirkt also entgiftend. Wilder Löwenzahn enthält mehr Bitterstoffe als die Kultursorte.

Blitzrezepte für Neurodermitiker

Keine Lust, länger als 20 Minuten in der Küche zu stehen? Dann sind Sie mit Suppe, Salsa, Smoothie und Steak gut beraten. Die sind ohne großen Aufwand im Nu gemacht und beruhigen die gestressten Hautzellen auf wohltuend leichte Art.

Zucchini-Brokkoli-Suppe

+ Für 2 Personen: **300 g Zucchini** putzen, waschen und würfeln, in einem Topf in **1 EL nativem Olivenöl** bei mittlerer Hitze 2 bis 3 Minuten andünsten. **½ l glutenfreie Gemüsebrühe** dazugießen, aufkochen und mit geschlossenem Deckel etwa 10 Minuten köcheln lassen. **130 g tiefgekühlten Brokkoli** hinzufügen, aufkochen und noch etwa 3 Minuten garen. **2 EL saure Sahne** dazugeben, alles im Topf mit dem Stabmixer pürieren, **salzen und pfeffern.** Mit **1 EL Pinienkernen** (nach Belieben ohne Fett in der Pfanne geröstet) und **1 EL gehackter Petersilie** bestreut servieren.

Nährwerte pro Portion: 210 kcal, 8 g EW, 15 g F, 7 g KH, 5 g BST

Früchte-Mohn-Quark

+ Für 2 Personen: **3 große, reife Aprikosen (ca. 150 g)** waschen, halbieren, entsteinen und mit **1 TL flüssigem Honig** in einem hohen Rührbecher mit dem Stabmixer fein pürieren. Das Aprikosenpüree mit **400 g Magerquark** locker mischen. Die Creme auf Schalen verteilen und mit **1 TL Mohnsamen** bestreut servieren.

Nährwerte pro Portion: 240 kcal, 14 g EW, 13 g F, 17 g KH, 3 g BST

Rindersteaks mit Avocado-Gurken-Salsa

+ Für 2 Personen: **1 Avocado** halbieren, entkernen und schälen, **1 Mini-Gurke** waschen, beides etwa 1 cm groß würfeln. **100 g Mais** (aus der Dose) abtropfen lassen. **5 Koriandergrünstiele** waschen, trocken schütteln, die Blätter abzupfen und grob hacken. Alle Zutaten mit **1 ½ EL Hanföl, Salz und Pfeffer aus der Mühle** mischen. **4 Rinder-Minutensteaks (à ca. 50 g)** mit **½ TL gemahlenem Kreuzkümmel** und Pfeffer würzen. Dann in einer Pfanne in **1 EL nicht nativem Olivenöl** bei mittlerer Hitze auf jeder Seite 1 bis 2 Minuten braten. Mit Salz würzen, mit Salsa und Bratensaft servieren.

Nährwerte pro Portion: 440 kcal, 24 g EW, 32 g F, 12 g KH, 7 g BST

Rote-Bete-Mango-Smoothie

+ Für 2 Personen: **100 g Rote Bete** (vorgegart und vakuumiert) grob schneiden (am besten Einweghandschuhe tragen!). **200 g Mangofruchtfleisch** schälen und würfeln. Beides mit **125 ml Apfelsaft** (Direktsaft oder naturtrüb), **2 TL Mandelmus** und **100 g Crushed Ice** im Mixer fein pürieren. Falls nötig, mit bis zu **50 ml Wasser** verdünnen. Zum Servieren den Smoothie in Gläser füllen.

Nährwerte pro Portion: 120 kcal, 2 g EW, 3 g F, 20 g KH, 2 g BST

KLEINE GERICHTE

Sie wünschen sich unbeschwerte Glücksmomente am Mittag oder Feierabend? Dann setzen Sie auf nährstoffreiche Suppen, Salate, Bowls und Bratlinge – mit viel Eiweiß und Ballaststoffen aus frischem Gemüse und Hülsenfrüchten. Die Imbisse können Sie fast alle auch gut am Vorabend zubereiten und am nächsten Tag für unterwegs mitnehmen. Das Plus: Sie sind reich an entzündungshemmenden Substanzen und pflegen die Haut von innen.

Weiße Wurzelcremesuppe mit Petersilienöl

Akne | Neurodermitis | Rosazea | Schuppenflechte

Für 2 Personen
Zubereitungszeit: 45 Minuten

200 g Topinambur
100 g Pastinaken
1 Petersilienwurzel (ca. 75 g)
6 EL kalt gepresstes Rapskernöl (davon 4 EL gut gekühlt)
½ l vegane glutenfreie Gemüsebrühe
1 Lorbeerblatt
50 g Mandelmus
4 Petersilienstiele
Salz, Pfeffer aus der Mühle
100 g Mandelsahne (aus dem Bioladen)

Nährwerte pro Portion:
640 kcal, 9 g EW, 54 g F, 20 g KH, 17 g BST

+ Die Topinambur putzen und dünn schälen, die Hälfte in feine Scheiben schneiden, den Rest grob schneiden. Pastinaken und Petersilienwurzel putzen, schälen und ebenfalls klein schneiden. In einem Topf 1 EL Öl erhitzen und das Wurzelgemüse darin bei mittlerer Hitze 2 bis 3 Minuten andünsten. Die Brühe dazugießen und Lorbeerblatt und Mandelmus hinzufügen. Das Gemüse aufkochen, mit geschlossenem Deckel bei mittlerer Hitze etwa 20 Minuten weich garen.

+ Inzwischen die Petersilie waschen, gut trocken schütteln und die groben Stiele entfernen. Die Blätter abzupfen und in einem hohen Rührbecher mit dem gekühlten Öl (4 EL) mit dem Stabmixer glatt pürieren, leicht salzen. Das übrige Öl in einer Pfanne erhitzen und die beiseitegelegten Topinamburscheiben darin bei mittlerer Hitze unter Wenden etwa 5 Minuten braten. Herausnehmen und auf Küchenpapier abtropfen lassen, leicht salzen und pfeffern.

+ Zum Servieren das Lorbeerblatt wieder entfernen, die Mandelsahne unterrühren und alles im Topf mit dem Stabmixer fein pürieren. Mit Salz und Pfeffer abschmecken. Die Suppe in tiefen Tellern oder Schalen anrichten, die Topinamburscheiben darauf verteilen und mit Petersilienöl beträufeln. Nach Belieben mit Petersilie garnieren.

Die Ernährungs-Docs

Wurzelgemüse sind absolute Hautschmeichler. So treibt Topinambur mit seinem präbiotischen Inulin den Blutzuckerspiegel kaum in die Höhe, was auch für die Haut wichtig ist. Ein weiteres Plus: Die Knolle enthält Salicylsäure, die für ihre antimikrobielle und entzündungshemmende Wirkung bekannt ist.

Kartoffel-Erbsen-Suppe mit Mango-Salsa

Akne | Neurodermitis | Rosazea | Schuppenflechte

Für 2 Personen
Zubereitungszeit: 30 Minuten

200 g mehligkochende Kartoffeln
1/2 EL natives Kokosöl
1/2 l glutenfreie Gemüsebrühe
250 g tiefgekühlte Erbsen (bei individueller Verträglichkeit bei Neurodermitis)
100 g Mangofruchtfleisch (nicht zu reif)
1 kleine Bio-Limette (bei individueller Verträglichkeit bei Neurodermitis)
Salz, Pfeffer aus der Mühle
5 Koriandergrünstiele
100 g Kochsahne (15 % Fett)

Nährwerte pro Portion:
390 kcal, 12 g EW, 18 g F, 37 g KH, 10 g BST

+ Die Kartoffeln schälen, waschen und würfeln. Das Öl in einem Topf erhitzen und die Kartoffeln darin bei mittlerer Hitze etwa 2 Minuten andünsten. Die Brühe dazugießen, alles aufkochen und mit geschlossenem Deckel bei milder Hitze etwa 15 Minuten weich garen.

+ Inzwischen 50 g tiefgekühlte Erbsen mit kochendem Wasser übergießen und etwa 5 Minuten ziehen lassen, dann in ein Sieb abgießen und gut abtropfen lassen. Mango schälen und klein würfeln. Limette heiß waschen, abtrocknen und die Schale fein abreiben, dann 1 EL Saft auspressen. Erbsen und Mango mit Limettenschale und -saft mischen, mit Salz und Pfeffer würzen. Das Koriandergrün waschen, trocken schütteln, die Blätter abzupfen. Einige Blätter zum Garnieren beiseitelegen, den Rest fein hacken und unter die Salsa mischen.

+ Die übrigen tiefgekühlten Erbsen und die Kochsahne in die heiße Suppe geben, alles einmal aufkochen und im Topf mit dem Stabmixer fein pürieren. Die Suppe mit Salz und Pfeffer abschmecken. Zum Servieren die Suppe in tiefen Tellern mit etwas Salsa anrichten und mit Koriandergrün garnieren. Die übrige Salsa extra dazu reichen.

Die Ernährungs-Docs

Kartoffeln und Erbsen bilden ein Dream-Team und wirken wie Balsam für die Haut. Beide sind reich an Mineralstoffen (Magnesium, Kalium, Kalzium) und dem Spurenelement Zink. Zudem enthalten sie wichtige Ballaststoffe, die Vitamine A und C und hochwertiges Pflanzeneiweiß, das die Haut zur Regeneration und Gewebeerneuerung benötigt. Sie regen den Stoffwechsel an, glätten die Haut und fördern die Bildung von Kollagen – ein unverzichtbarer Proteinbaustoff für den Aufbau von Knochen, Haut und Bindegewebe.

Spargel-Hühner-Suppe mit Sobanudeln

Akne | Rosazea | Schuppenflechte

Für 2 Personen
Zubereitungszeit: 35 Minuten

3/4 l glutenfreie Gemüsebrühe
2 EL glutenfreie Sojasauce (z. B. Tamari)
1 Sternanis
1 TL Korianderkörner
1 Hähnchenbrustfilet (ca. 200 g)
80 g Sobanudeln (aus dem Bioladen; z. B. Buchweizennudeln mit Süßkartoffeln)
2 TL dunkles Sesamöl
200 g grüner Spargel
4 Frühlingszwiebeln
15 g Ingwer
1 Knoblauchzehe
1 EL kalt gepresstes Rapskernöl
100 g Baby-Pak-Choi
1 EL Limettensaft
2 EL gehacktes Koriandergrün

Nährwerte pro Portion:
500 kcal, 34 g EW, 21 g F, 40 g KH, 9 g BST

+ In einem Topf die Brühe mit 1 EL Sojasauce, Sternanis und Korianderkörnern aufkochen, dann offen bei milder Hitze noch etwa 10 Minuten köcheln lassen. Inzwischen das Fleisch waschen, trocken tupfen und im Würzsud mit geschlossenem Deckel bei milder Hitze etwa 12 Minuten garen. Danach das Fleisch herausnehmen und abkühlen lassen, die Brühe durch ein Sieb gießen und auffangen.

+ Inzwischen die Nudeln in reichlich kochendem Wasser (kein Salz dazugeben, die Sojasauce ist salzig genug!) nach Packungsanweisung etwa 4 Minuten garen. In ein Sieb gießen, kalt abschrecken und gut abtropfen lassen. Danach in einer Schüssel mit Sesamöl mischen.

+ Den Spargel waschen, im unteren Drittel schälen und holzige Enden abschneiden. Die Stangen je nach Dicke längs halbieren, dann schräg in etwa 4 cm breite Stücke schneiden. Die Frühlingszwiebeln putzen, waschen, das Weiße und Grüne schräg in dünne Ringe schneiden. Ingwer und Knoblauch schälen und fein würfeln.

+ In einem Topf Spargel, weiße Frühlingszwiebeln, Ingwer und Knoblauch im Öl bei mittlerer Hitze 2 bis 3 Minuten anbraten. Die aufgefangene Brühe dazugießen, alles aufkochen und mit geschlossenem Deckel bei mittlerer Hitze etwa 10 Minuten köcheln lassen.

+ Das Fleisch in Streifen schneiden. Den Pak Choi putzen, waschen und in grobe Stücke schneiden. Beides mit den Sobanudeln und den grünen Frühlingszwiebeln in die Suppe geben. Alles kurz aufkochen und die Suppe mit geschlossenem Deckel etwa 3 Minuten bei sehr milder Hitze ziehen lassen.

+ Zum Servieren die Suppe mit dem Limettensaft und der restlichen Sojasauce abschmecken. Auf Schalen verteilen und mit dem Koriandergrün bestreuen.

Linsen-Frikadellen mit Kohlrabi

Akne | Neurodermitis | Rosazea | Schuppenflechte

Für 2–3 Personen
Zubereitungszeit: 25 Minuten

100 g rote Linsen
(bei individueller Verträglichkeit bei Neurodermitis)
Salz
2 EL Kürbiskerne
100 g Naturjoghurt (1,5 % Fett)
1 TL süßer Senf
Pfeffer aus der Mühle
2 EL Hanföl
2 Kohlrabis (je etwa 250 g)
1 süßer rotschaliger Apfel (z. B. Jonagold)
2 TL Zitronensaft
(bei individueller Verträglichkeit bei Neurodermitis)
½ Bund Petersilie
30 g Dinkelvollkorn-semmelbrösel
50 g veganer Brotaufstrich (ohne Soja; z. B. Toskana, Kürbis)
4 EL kalt gepresstes Olivenöl

Nährwerte pro Portion (bei 3): 500 kcal, 17 g EW, 31 g F, 35 g KH, 7 g BST

+ Linsen in einem Topf in 200 ml kochendem Salzwasser mit geschlossenem Deckel bei mittlerer Hitze etwa 10 Minuten weich garen. Vom Herd nehmen und lauwarm abkühlen lassen. Kerne in einer Pfanne ohne Fett hell rösten, herausnehmen und abkühlen lassen.

+ Für das Dressing Joghurt mit Senf, Salz, Pfeffer und Hanföl in einer Schüssel glatt rühren. Kohlrabis putzen, zarte Blätter beiseitelegen, die Knollen schälen und auf der Gemüsereibe grob raspeln. Apfel waschen und bis auf das Kerngehäuse grob raspeln, sofort mit Zitronensaft beträufeln. Beide Raspelsorten mit dem Dressing mischen.

+ Die Petersilie waschen, trocken schütteln, Blätter abzupfen und fein hacken. Die Hälfte der Petersilie mit Linsen, Semmelbröseln und Brotaufstrich mischen und mit Salz und Pfeffer würzen. Aus der Masse mit angefeuchteten Händen etwa 6 Frikadellen formen. Das Olivenöl in einer großen beschichteten Pfanne erhitzen und die Frikadellen darin bei mittlerer Hitze auf jeder Seite etwa 5 Minuten hellbraun braten. Herausnehmen und auf Küchenpapier abtropfen lassen.

+ Zum Servieren das beiseitegelegte Kohlrabigrün fein hacken. Die Rohkost auf Tellern anrichten und mit Kürbiskernen, Kohlrabigrün und übriger Petersilie bestreuen. Die Frikadellen dazu servieren.

Die Ernährungs-Docs

Zwei- bis dreimal pro Woche Hülsenfrüchte? Gute Idee! Sie liefern jede Menge Nährstoffe (Pflanzenprotein, Magnesium, Zink, Eisen und Folsäure) und sind ballaststoffreich. Linsen, Bohnen und Erbsen zählen zu den allergen- und reizstoffarmen Lebensmitteln, auch Neurodermitis-Betroffene vertragen sie meist gut.

Orientalischer Blumenkohlsalat mit Kräuterpesto

Akne | Neurodermits | Rosazea | Schuppenflechte

Für 2 Personen
Zubereitungszeit: 35 Minuten

20 g Pinienkerne
1/2 Bund Basilikum
1/2 Bund Petersilie
4 Thymianzweige
2 EL kalt gepresstes Olivenöl
2 EL Hanföl
Salz, Pfeffer aus der Mühle
1/2 Blumenkohl (ca. 400 g)
75 g braune Champignons
1/4 Endiviensalat (ca. 150 g)
1/4 Granatapfel
1 EL raffiniertes Olivenöl
120 g Kichererbsen (aus der Dose; bei individueller Verträglichkeit bei Neurodermitis)

Nährwerte pro Portion:
470 kcal, 15 g EW, 33 g F,
23 g KH, 12 g BST

+ Pinienkerne in einer Pfanne ohne Fett hell rösten, herausnehmen und abkühlen lassen. Kräuter waschen, trocken schütteln, Blätter abzupfen. 25 g Kräuter (Rest anderweitig verwenden) mit Pinienkernen im Blitzhacker fein zerkleinern, kalt gepresstes Olivenöl, Hanföl und 3 EL Wasser unterrühren. Das Pesto mit Salz und Pfeffer würzen.

+ Den Blumenkohl putzen, waschen und in Röschen teilen. Die Pilze putzen, falls nötig, trocken abreiben und vierteln. Vom Salat die äußeren Blätter entfernen. Salat in die einzelnen Blätter teilen, waschen, trocken schleudern und in mundgerechte Stücke zupfen oder in breite Streifen schneiden. Vom Granatapfelstück die Kerne zwischen den weißen Häutchen mit Druck herauslösen (Achtung, das spritzt!).

+ Das raffinierte Olivenöl in einer großen beschichteten Pfanne erhitzen und den Blumenkohl darin bei mittlerer bis starker Hitze etwa 10 Minuten unter Rühren braten. Pilze und Kichererbsen dazugeben, weitere 5 Minuten braten, salzen und pfeffern. Zum Servieren den Endiviensalat auf Teller verteilen, den Blumenkohl-Mix daraufgeben und mit Kräuterpesto beträufeln. Mit Granatapfelkernen garnieren.

Die Ernährungs-Docs

Dank ihrer ätherischen Öle und Phytonährstoffe können einige Kräuter der Haut helfen: Basilikum wirkt antibakteriell und entzündungshemmend – ideal im Kampf gegen Akne. Das aromatische Kraut löst überschüssiges Fett aus den Poren und stoppt eine übermäßige Talgproduktion. Und Petersilie punktet mit einem hohen Gehalt an Vitamin E, das die Haut glatt und straff werden lässt. Außerdem beruhigen Magnesium und Eisen die gestresste Haut und beugen Entzündungen und fettiger Haut vor.

Gurken-Rote-Bete-Salat mit Halloumi

Neurodermitis | Rosazea | Schuppenflechte

Für 2 Personen
Zubereitungszeit: 25 Minuten

100 g Naturjoghurt (1,5 % Fett)
3 EL Buttermilch (1,5 % Fett)
1 EL Hanföl
Salz, Pfeffer aus der Mühle
1/2 Bund Dill
1 Salatgurke (ca. 300 g)
200 g Rote Bete (vorgegart und vakuumiert)
2 TL helle Sesamsamen
1 EL kalt gepresstes Olivenöl
200 g Halloumi-Grillkäse

Nährwerte pro Portion:
580 kcal, 33 g EW, 43 g F, 14 g KH, 4 g BST

+ In einer Schüssel den Joghurt mit der Buttermilch, Hanföl, etwas Salz und Pfeffer glatt rühren. Den Dill waschen, trocken schütteln und die Spitzen abzupfen. Einige Spitzen zum Garnieren beiseitelegen, den Rest hacken und unter das Dressing mischen.

+ Die Gurke waschen und streifig schälen, dann längs halbieren und entkernen. Die Gurkenhälften in etwa 1 cm große Würfel schneiden. Die Rote Bete ebenfalls in etwa 1 cm große Würfel schneiden (dabei am besten Einweghandschuhe tragen, da die Knollen stark abfärben). Gurke und Rote Bete mit dem Dressing mischen.

+ Den Sesam in einer kleinen Pfanne ohne Fett hell rösten. Herausnehmen und abkühlen lassen. Das Olivenöl in einer großen beschichteten Pfanne erhitzen und den Käse darin bei mittlerer Hitze auf jeder Seite 2 bis 3 Minuten goldbraun braten. Herausnehmen, auf Küchenpapier abtropfen lassen und mit dem Salat auf Tellern anrichten. Zum Servieren mit Sesam und beiseitegelegten Dillspitzen garnieren.

Die Ernährungs-Docs

Ihrer Haut zuliebe sollten Sie pro Tag 1/2 kleine Salatgurke knabbern – als Snack oder im Salat. Dank ihres hohen Wassergehalts (rund 96 Prozent) ist die Gurke ein Top-Lebensmittel, um das tägliche Flüssigkeitssoll zu erreichen und die Haut „aufzupolstern". Zudem liefert sie viele Vitamine aus der B-Gruppe sowie Vitamin C und ist reich an Mineralstoffen (Kalzium, Zink, Kalium, Magnesium und Phosphor), die allesamt hautstärkend wirken.

Rotkohl-Slaw mit Kürbis

Akne | Neurodermitis | Rosazea | Schuppenflechte

Für 2 Personen
Zubereitungszeit: 35 Minuten
Garen: 20 Minuten

300 g Hokkaidokürbis
1 EL kalt gepresstes Olivenöl
Salz, Pfeffer aus der Mühle
30 g Mandelstifte
350 g Rotkohl
100 g veganer ungesüßter Kokosjoghurt
1 EL Mandelmus
15 g Ingwer
1 EL helle Sesamsamen
1 kleine, nicht zu reife Avocado
1 EL gehacktes Koriandergrün

Nährwerte pro Portion:
480 kcal, 11 g EW, 37 g F, 20 g KH, 11 g BST

+ Backofen auf 200 °C vorheizen. Ein Backblech mit Backpapier auslegen. Den Kürbis waschen, die Kerne mit einem Löffel entfernen und den Kürbis etwa 2 cm groß würfeln. Mit Öl, Salz und Pfeffer mischen, auf dem Blech verteilen und im Ofen auf der 2. Schiene von unten etwa 10 Minuten garen. Dann herausnehmen, die Mandeln untermischen und den Kürbis nochmals etwa 10 Minuten garen.

+ Inzwischen vom Rotkohl die äußeren Blätter entfernen, den Kohl längs halbieren und den harten Strunk entfernen. Die Kohlstücke auf der Gemüsereibe sehr fein hobeln. In einer Schüssel mit 1 TL Salz mischen und mit den Händen etwa 5 Minuten kräftig kneten (dabei am besten mit Einweghandschuhen arbeiten!). Den Joghurt mit Mandelmus und 2 EL Wasser mit einem Schneebesen glatt rühren. Den Ingwer schälen, fein würfeln und untermischen. Das Dressing unter den Rotkohl mischen und den Salat mit Salz und Pfeffer würzen.

+ Den Sesam in einer Pfanne ohne Fett hell rösten. Herausnehmen und abkühlen lassen. Die Avocado halbieren, den Stein entfernen, das Fruchtfleisch schälen und längs jeweils in 3 Spalten schneiden. Die Schnittflächen im gerösteten Sesam wenden. Zum Servieren den Rotkohlsalat auf Tellern anrichten und den Ofenkürbis daraufsetzen. Je 3 Avocadospalten dazulegen und mit Koriandergrün bestreuen.

Die Ernährungs-Docs

Rotkohl ist supergesund – sein großes Plus sind die blauen Anthocyane, sekundäre Pflanzenfarbstoffe aus der Gruppe der Polyphenole, die antioxidativ wirken. Sie sorgen für die Elastizität der Blutgefäße, straffen die Haut und sollen den Alterungsprozess in unseren Zellen verlangsamen. Darüber hinaus senken Anthocyane das Risiko für entzündliche Prozesse und fördern die Herzgesundheit und das Gedächtnis.

Bratäpfel mit Linsensalat

Akne | Rosazea | Schuppenflechte

Für 2 Personen
Zubereitungszeit: 30 Minuten
Backen: 15 Minuten

2 säuerliche Äpfel
(à ca. 175 g; z. B. Elstar)
1 rote Zwiebel
30 g Walnusskerne
3 1/2 EL kalt gepresstes Olivenöl
1/2 TL getrockneter Majoran
Salz, Pfeffer aus der Mühle
30 g Ziegenfrischkäse
(40 % Fett i. Tr.)
1 Dose Linsen
(240 g Abtropfgewicht)
150 g Möhren
100 g Staudensellerie
100 g Radicchio
2 EL Weißweinessig
75 ml ungesüßter Apfelsaft
1 TL mildes Ajvar (Paprikamus)
1 EL gehackte Petersilie
Öl für die Form

Nährwerte pro Portion:
530 kcal, 10 g EW, 34 g F,
43 g KH, 10 g BST

+ Backofen auf 200 °C vorheizen. Eine kleine Auflaufform (ca. 15 x 25 cm) einfetten. Äpfel waschen, die Kerngehäuse mit einem Apfelausstecher entfernen. Die Äpfel quer halbieren und die Öffnung jeweils etwas vergrößern. Das herausgeschnittene Apfelinnere fein hacken. Die Zwiebel schälen und fein würfeln. Die Nüsse hacken.

+ In einer Pfanne 1 EL Öl erhitzen und die Zwiebel darin bei mittlerer Hitze andünsten. Walnüsse mit Majoran dazugeben und kurz mitdünsten. Zwiebel-Nuss-Mix unter das gehackte Apfelinnere mischen, mit Salz und Pfeffer abschmecken. Die Apfelhälften mit dem Zwiebel-Nuss-Mix füllen und nebeneinander in die Form setzen. Ziegenkäse in Flöckchen auf die Äpfel verteilen und mit 1/2 EL Öl beträufeln. Bratäpfel im Ofen auf der 2. Schiene von unten etwa 15 Minuten backen. Herausnehmen und vor dem Servieren kurz abkühlen lassen.

+ Inzwischen Linsen in einem Sieb abbrausen und abtropfen lassen. Möhren putzen, schälen und auf der Gemüsereibe schräg in ca. 1 mm dünn hobeln. Sellerie putzen, waschen und in Scheiben schneiden. Radicchio putzen, waschen und in 2 cm breite Streifen schneiden.

+ Für das Dressing Essig, Apfelsaft, Ajvar, Salz und Pfeffer mit dem übrigen Öl gründlich verrühren. Linsen, Möhren, Sellerie, Radicchio und Petersilie mit dem Dressing mischen und den Salat mit Salz und Pfeffer abschmecken. Dann mit den Bratäpfeln servieren.

Die Ernährungs-Docs

Mit Bratapfel plus Linsensalat nehmen Sie viele Ballaststoffe auf – 30 g pro Tag sollen es sein! Der Körper kann sie nicht verdauen, deshalb lassen sie den Insulinspiegel nicht ansteigen: Im Apfel sind dies lösliche Ballaststoffe wie Pektine und Oligofruktose, in den Linsen unlösliche Faser- und Quellstoffe.

Chia-Pancakes mit Chicorée

Akne | Rosazea | Schuppenflechte

Für 2 Personen
Zubereitungszeit: 35 Minuten

100 g Dinkelvollkornmehl
25 g Chiasamen
1/2 TL Ingwerpulver
1 1/2 TL Weinsteinbackpulver
Salz, Pfeffer aus der Mühle
1/4 l glutenfreier ungesüßter Haferdrink
1 Bio-Ei (Größe M)
1 EL Kürbiskerne
1 Chicorée (ca. 200 g)
50 g Rucola
1 kleine Orange
1 EL Balsamico bianco
2 EL kalt gepresstes Rapskernöl
1 EL Leinöl
2–3 EL kalt gepresstes Olivenöl
2 EL Schafjoghurt (6 % Fett)

Nährwerte pro Portion:
660 kcal, 18 g EW, 39 g F, 52 g KH, 14 g BST

+ Für den Teig Mehl mit Chiasamen, Ingwer, Backpulver, Salz und Pfeffer in einer Rührschüssel mischen. Nach und nach Haferdrink und Ei dazugeben und mit einem Schneebesen gut unterrühren. Den Teig etwa 10 Minuten ruhen lassen.

+ Inzwischen die Kürbiskerne grob hacken und in einer Pfanne ohne Fett hell rösten. Herausnehmen und abkühlen lassen. Chicorée waschen, längs halbieren und den harten Strunk entfernen. Hälften quer in etwa 2 cm breite Streifen schneiden. Rucola verlesen, waschen und trocken schleudern. Orange so großzügig schälen, dass auch die weiße Haut mit entfernt wird. Filets zwischen den einzelnen Trennhäuten herausschneiden, austretenden Saft auffangen und den Rest der Orangen gut ausdrücken. 4 EL Orangensaft, Essig, Salz und Pfeffer mit Raps- und Leinöl in einer Salatschüssel gründlich verquirlen.

+ Den Backofen auf 80 °C vorheizen. In einer großen beschichteten Pfanne 2 TL Öl erhitzen. Pro Pancake 1 bis 2 EL Teig hineingeben und bei mittlerer Hitze 4 bis 5 Minuten auf jeder Seite goldbraun backen. Herausnehmen und auf einem Teller im Ofen warm halten. So den gesamten Teig verarbeiten, bei Bedarf noch etwas Öl hinzufügen.

+ Zum Servieren Chicorée, Rucola und Orangenfilets mit dem Dressing mischen und den Salat mit den Pancakes auf Teller verteilen. Je 1 EL Joghurt dazu anrichten und mit den Kürbiskernen bestreuen.

Die Ernährungs-Docs

Bitterstoffe stecken als Glucosinolate in Chicorée, Rucola oder Radicchio. Laut einer Studie der Universitätsklinik Freiburg stimulieren sie die Bildung von Schutzproteinen und Hautlipiden, also von wichtigen Faktoren der Hautbarriere.

Quinoa-Melonen-Taboulé mit Lamm

Akne | Neurodermitis | Rosazea | Schuppenflechte

Für 2 Personen
Zubereitungszeit: 45 Minuten
Garen: 8–10 Minuten

100 g Quinoa
Salz
1 EL ganzer Schwarzkümmel
300 g Salatgurke
500 g Wassermelone
3 EL gehackte Petersilie
2 EL Aceto balsamico
1 EL kalt gepresstes Olivenöl
Pfeffer aus der Mühle
200 g Lammrücken- oder Hähnchenbrustfilet
1 EL raffiniertes Olivenöl
50 g fettarmer Feta (9 % Fett)

Nährwerte pro Portion:
670 kcal, 41 g EW, 28 g F, 60 g KH, 6 g BST

+ Die Quinoa in einem Sieb kalt abbrausen und abtropfen lassen. Dann in einem Topf in 200 ml Wasser aufkochen, leicht salzen und mit geschlossenem Deckel bei milder Hitze etwa 20 Minuten garen. Danach in ein Sieb abgießen und lauwarm abkühlen lassen.

+ Inzwischen den Schwarzkümmel in einer Pfanne ohne Fett 5 bis 6 Minuten rösten. Herausnehmen, abkühlen lassen und im Mörser zerstoßen. Backofen auf 160 °C vorheizen. Gurke waschen, längs halbieren, entkernen und die Hälften etwa 1 cm groß würfeln. Melone schälen, entkernen und etwa 2 cm groß würfeln. Gurke, Melone, 2 EL Petersilie, Essig, Schwarzkümmel und kalt gepresstes Öl zur Quinoa geben und alles locker mischen. Das Taboulé mit Salz und Pfeffer würzen, noch etwa 10 Minuten durchziehen lassen.

+ Inzwischen das Fleisch (Geflügel vorher waschen und trocken tupfen!) salzen und pfeffern. In einer Pfanne im raffinierten Öl bei starker Hitze 2 bis 3 Minuten auf jeder Seite anbraten, herausnehmen und in eine kleine ofenfeste Form legen. Das Fleisch im Ofen auf der 2. Schiene von unten 8 bis 10 Minuten weitergaren, dann im abgeschalteten Ofen noch etwa 5 Minuten ruhen lassen. Zum Servieren schräg in Scheiben schneiden und mit dem Taboulé auf Tellern anrichten. Den Feta darüberbröseln, mit übriger Petersilie bestreuen.

Die Ernährungs-Docs

Im Vergleich zu Pasta und Reis punkten die winzigen Quinoasamen mit mehr komplexen Kohlenhydraten, Ballaststoffen und einer Extraportion Eiweiß (etwa 14 Prozent EW auf 100 g). Das Pseudogetreide enthält alle essenziellen Aminosäuren, vor allem viel Lysin: Diese Aminosäure dient als Baustein für das Muskelgewebe, festigt und stabilisiert das Bindegewebe und fördert die Wundheilung. Lysin kommt ansonsten nur selten in Pflanzen vor.

Kartoffel-Brokkoli-Bowl mit Pesto

Akne | Neurodermitis | Rosazea | Schuppenflechte

Für 2 Personen
Zubereitungszeit: 40 Minuten

je 1 EL Pinien- und Kürbiskerne
300 g gegarte festkochende Pellkartoffeln (vom Vortag)
100 g kleine Champignons
2 EL kalt gepresstes Rapskernöl
Salz, Pfeffer aus der Mühle
250 g Brokkoliröschen
100 g Rote Bete (vorgegart und vakuumiert)
100 g Hähnchenbrustaufschnitt
1 reife Avocado
abgeriebene Schale und Saft von ½ Bio-Limette (bei individueller Verträglichkeit bei Neurodermitis)
3 EL gehacktes Basilikum
2 EL kalt gepresstes Olivenöl
2 EL Naturjoghurt (1,5 % Fett; ersatzweise Ziegenjoghurt bei Akne)

Nährwerte pro Portion:
630 kcal, 24 g EW, 40 g F, 36 g KH, 12 g BST

+ Beide Kernsorten in einer Pfanne ohne Fett hell rösten, herausnehmen und abkühlen lassen. Kartoffeln pellen und etwa 1 cm groß würfeln. Pilze putzen, falls nötig, trocken abreiben und in Scheiben schneiden. Kartoffelwürfel in einer Pfanne im Rapskernöl bei mittlerer Hitze unter Wenden etwa 10 Minuten braten. Salzen und pfeffern, aus der Pfanne nehmen. Die Pilze im verbliebenen Bratfett etwa 2 Minuten unter Wenden braten, salzen, pfeffern und beiseitestellen.

+ Brokkoli putzen, waschen und in Salzwasser etwa 3 Minuten blanchieren. In ein Sieb abgießen, kalt abschrecken und abtropfen lassen. Rote Bete etwa 1 cm groß würfeln (am besten Einweghandschuhe tragen!). Den Aufschnitt in etwa 1 cm breite Streifen schneiden.

+ Für das Pesto Avocado halbieren, den Stein entfernen, das Fruchtfleisch schälen und in einen hohen Rührbecher geben. Limettenschale und -saft mit zwei Dritteln des Basilikums und dem Olivenöl zur Avocado geben und alles mit dem Stabmixer cremig pürieren. Den Joghurt unterrühren und das Pesto mit Salz und Pfeffer abschmecken. Zum Servieren Röstkartoffeln, Brokkoli, Pilze, Rote Bete und Hähnchenaufschnitt nebeneinander in Bowls (Schalen) anrichten. Etwas Pesto daraufgeben, den Rest separat dazu reichen. Die Bowls mit dem Kerne-Mix bestreuen und mit übrigem Basilikum garnieren.

Die Ernährungs-Docs

Unsere Haut braucht Vitamine und Mineralstoffe, die im Brokkoli reichlich vorhanden sind. Dieser Brokkoli-Powerkomplex spendet der Haut Feuchtigkeit und erhält ihre Elastizität. Ein weiteres Plus der grünen Röschen ist ihr hoher Gehalt an Glucoraphanin: Aus dieser Senfölverbindung wird der sekundäre Pflanzenstoff Sulforaphan gebildet, der die Regeneration der Haut fördert.

Vollkorn-Spinat-Max mit Spiegelei

Akne | Rosazea | Schuppenflechte

Für 2 Personen
Zubereitungszeit: 25 Minuten

2 große Scheiben Dinkelvollkornbrot (à ca. 100 g)
3 EL kalt gepresstes Olivenöl
200 g junger Spinat
2 Schalotten
1 kleine Knoblauchzehe
100 g Magerquark (ersatzweise Schafquark bei Akne)
½ TL milder Senf
Salz, Pfeffer aus der Mühle
frisch geriebene Muskatnuss
2 Bio-Eier (Größe L)
50 g Putenbrustaufschnitt (in hauchdünnen Scheiben)
¼ TL edelsüßes Paprikapulver

Nährwerte pro Portion:
550 kcal, 31 g EW, 25 g F, 45 g KH, 11 g BST

+ Die Brotscheiben beidseitig mit 1 ½ EL Öl bestreichen. Eine große beschichtete Pfanne erhitzen und die Brote darin auf jeder Seite 2 bis 3 Minuten knusprig rösten, zwischendurch wenden.

+ Den Spinat verlesen, waschen und trocken schleudern. Schalotten schälen und in feine Ringe schneiden. Knoblauch schälen und fein würfeln. Den Quark mit Senf, Salz und Pfeffer verrühren.

+ In der Pfanne 1 EL Öl erhitzen und Schalotten und Knoblauch darin bei mittlerer Hitze andünsten. Den Spinat dazugeben und mit geschlossenem Deckel 1 bis 2 Minuten bei mittlerer Hitze zusammenfallen lassen. Mit Salz, Pfeffer und Muskat würzen. Vom Herd nehmen und warm halten.

+ Das übrige Öl (½ EL) in einer kleinen beschichteten Pfanne erhitzen. Die Eier aufschlagen und darin bei mittlerer Hitze als Spiegeleier braten. Leicht salzen und pfeffern. Zum Servieren die Brotscheiben mit Quark bestreichen und mit Putenaufschnitt belegen. Den Spinat-Mix kurz abtropfen lassen und darauf verteilen. Je 1 Spiegelei daraufsetzen und fein mit Paprikapulver bestäuben.

Die Ernährungs-Docs

Mit dieser Powerschnitte decken Sie etwa ein Drittel des täglichen Kalziumbedarfs von mindestens 1000 Milligramm. Vollkornbrot und Spinat, aber auch Quark gelten als gute Quellen für den Mineralstoff, der als wichtiger Baustein vor allem Knochen und Zähne stabil hält. Er wird aber auch für den Aufbau von Haut und Haaren benötigt, ist unentbehrlich für die Abwehr von Allergien und Entzündungen sowie für unseren Hormonhaushalt.

Matjesbrötchen

Akne | Rosazea | Schuppenflechte

Für 2 Personen
Zubereitungszeit: 25 Minuten

4 Dillstiele
125 g Frischkäse (Halbfettstufe; ersatzweise Ziegenfrischkäse bei Akne)
Salz, Pfeffer aus der Mühle
1 EL Zitronensaft
2 Eichblattsalatblätter
½ Mini-Gurke (ca. 75 g)
4 Radieschen
2 große Dinkel- oder Roggenvollkornbrötchen (à ca. 100 g)
2–3 Matjesfilets (ca. 200 g)

Nährwerte pro Portion:
570 kcal, 32 g EW, 27 g F, 44 g KH, 10 g BST

+ Den Dill waschen, trocken schütteln, die Spitzen abzupfen und fein hacken. Mit dem Frischkäse verrühren und mit Salz, Pfeffer und Zitronensaft abschmecken.

+ Die Salatblätter waschen, trocken schütteln und in mundgerechte Stücke zupfen. Die Gurke waschen und in dünne Scheiben schneiden. Die Radieschen putzen, waschen und ebenfalls in dünne Scheiben schneiden.

+ Die Brötchen waagrecht aufschneiden und alle Hälften mit dem Dillfrischkäse bestreichen. Auf die unteren Hälften die Salatblätter verteilen. Die Matjesfilets quer halbieren und auf den Salat legen. Die Gurken- und Radieschenscheiben auf die Matjesfilet geben und leicht pfeffern. Die Brötchendeckel aufsetzen und gut andrücken.

Tipp: Zum Mitnehmen die Brötchen fest in Frischhaltefolie wickeln und kühl halten.

Die Ernährungs-Docs

Mit dieser Matjesbrotzeit gönnen Sie sich eine gute Portion Omega-3-Fettsäuren. Diese gehören ebenso wie Omega-6-Fettsäuren zu den mehrfach ungesättigten Fettsäuren. Wichtig ist, in welchem Verhältnis wir diese Fettsäuren zu uns nehmen. Omega-3-reiche Lebensmittel wie fette Meeresfische, Walnüsse, Lein- und Hanföl kommen seltener auf den Tisch als Fleisch, Milchprodukte und Sonnenblumenöl mit reichlich Omega-6-Fettsäuren. Das ist ungünstig, denn beide Fettsäuren sind Vorläufer von Entzündungsbotenstoffen im Körper. Sind die beiden Gegenspieler in einer ausbalancierten Menge vorhanden, bleiben die Abläufe im Körper in einem gesunden Gleichgewicht. Als entzündungsneutral gilt ein Verhältnis von 5 : 1 (Omega-3 : Omega-6).

Bei Akne und Rosazea – schnell gemacht

Das beste Rezept gegen Hektik am Morgen oder Mittag? Leckere Kleinigkeiten mit viel knackig frischem Gemüse oder Obst, Proteinen und Ballaststoffen, die nicht nur gut schmecken, sondern auch die Blutgefäße und Hautzellen stärken.

Italienisches Gemüse mit Lachs

+ Für 2 Personen: **600 g tiefgekühlten italienischen Gemüse-Mix** (ungewürzt) mit **2 EL kalt gepresstem Olivenöl** in einer Pfanne erhitzen, dann bei mittlerer Hitze etwa 5 Minuten garen, ab und zu umrühren. Mit **Salz und Pfeffer aus der Mühle** würzen. **2 Lachsfilets (à ca. 160 g)** waschen, trocken tupfen, mit Salz, Pfeffer und je **1 TL Basilikum-Pesto** einreiben. Fisch auf das Gemüse legen, mit geschlossenem Deckel 8 bis 10 Minuten garen. Mit den Blättern von **2 Oreganozweigen** bestreut servieren.

Nährwerte pro Portion: 540 kcal, 41 g EW, 31 g F, 19 g KH, 10 g BST

Gazpacho mit Wassermelone

+ Für 2 Personen: **750 g Wassermelone, 150 g Tomaten, ½ Stange Staudensellerie** und **1 Mini-Gurke** putzen, waschen bzw. schälen, grob schneiden und im Mixer glatt pürieren. **2 EL kalt gepresstes Olivenöl, 2 TL Rotweinessig, Salz und Pfeffer aus der Mühle** untermixen. Auf Schalen verteilen. **100 g Schaf- oder Ziegenjoghurt** mit **2 EL Wasser** glatt rühren und über die Gazpacho träufeln.

Nährwerte pro Portion: 300 kcal, 5 g EW, 13 g F, 37 g KH, 3 g BST

Couscoussalat mit Spinat und Ei

+ Für 2 Personen: **125 g Dinkelvollkorncouscous** mit **200 ml kochend heißer Gemüsebrühe** übergießen, etwa 10 Minuten quellen lassen. **½ Salatgurke** waschen, längs halbieren, entkernen und klein würfeln. **8 Radieschen** putzen, waschen und vierteln. Couscous mit dem **Saft von 1 Zitrone, 1 TL flüssigem Honig** und **4 EL kalt gepresstem Olivenöl** mischen. Gurke, Radieschen und **2 EL tiefgekühlte Petersilie** untermischen, mit **Salz und Pfeffer aus der Mühle** würzen. **50 g jungen Spinat** verlesen, waschen, trocken schütteln und unterheben. **2 hart gekochte Bio-Eier** (Größe M) pellen, längs halbieren und zum Servieren auf den Salat setzen.

Nährwerte pro Portion: 550 kcal,18 g EW, 29 g F, 48 g KH, 4 g BST

Quinoa-Knusper-Müsli mit Beeren

+ Für 2 Personen: **30 g gepuffte Quinoa, 20 g gepufften Amarant, 40 g kernige glutenfreie Haferflocken** und **1 EL Sonnenblumenkerne** in einer Pfanne mit **1 EL nativem Kokosöl** bei mittlerer Hitze etwa 5 Minuten rösten. **2 TL flüssigen Honig** untermischen, vom Herd nehmen. **300 g Naturjoghurt** (1,5 % Fett; ersatzweise Kokosjoghurt Natur bei Akne) in Schalen verteilen, Quinoa-Mix daraufgeben. **Je 100 g Heidel- und Erdbeeren** verlesen, waschen und trocken tupfen. Erdbeeren putzen und vierteln. Zum Servieren beide Beerensorten auf dem Müsli anrichten.

Nährwerte pro Portion: 400 kcal, 13 g EW, 15 g F, 48 g KH, 7 g BST

HAUPTGERICHTE

Zeit für eine ordentliche Stärkung! Was wir hier servieren, kommt gut an bei Magen und Haut: Pasta, Pizza, Pfannengerichte und Co. – mit viel Gemüse, magerem Fleisch und Fisch mit gesunden Fetten. Unsere Fitmacher punkten mit einer ausgewogenen Nährstoffpalette, damit Sie sich in Ihrer Haut rundum wohlfühlen!

Spinat-Penne mit Pilzen

Akne | Rosazea | Schuppenflechte

Für 2 Personen
Zubereitungszeit: 25 Minuten

300 g Kräuterseitlinge
2 Schalotten
1 kleine Knoblauchzehe
125 g junger Spinat
125 g bunte Cocktailtomaten (bei individueller Verträglichkeit bei Schuppenflechte)
150 g Penne (aus Reis und Mais bei Akne und Rosazea; aus Dinkelvollkorn bei Schuppenflechte)
Salz
2 EL kalt gepresstes Olivenöl
Pfeffer aus der Mühle
100 ml Hafersahne (aus dem Bioladen)
125 ml vegane Gemüsebrühe
1 EL Cashew- oder Haselnussmus

Nährwerte pro Portion: 670 kcal, 16 g EW, 23 g F, 69 g KH, 7 g BST

+ Die Pilze putzen, falls nötig, trocken abreiben, je nach Größe längs halbieren oder vierteln und in Stücke schneiden. Schalotten und Knoblauch schälen und fein würfeln. Den Spinat verlesen, waschen und trocken schütteln. Die Tomaten waschen und halbieren.

+ Die Nudeln in reichlich kochendem Salzwasser nach Packungsanweisung bissfest garen. Inzwischen in einer Pfanne das Öl erhitzen und die Pilze darin bei mittlerer Hitze etwa 5 Minuten unter Wenden anbraten. Schalotten und Knoblauch dazugeben, kurz mitbraten, leicht salzen und pfeffern. Mit Hafersahne und Brühe aufgießen, das Cashew- oder Haselnussmus unterrühren und alles offen bei mittlerer Hitze noch etwa 5 Minuten köcheln lassen.

+ Dann Spinat und Tomaten unter die Sauce ziehen und nochmals leicht erwärmen, bis die Spinatblätter zusammengefallen sind. Die Nudeln in ein Sieb abgießen, kurz abtropfen lassen und unter das Gemüse mischen. Mit Salz und Pfeffer würzen und sofort servieren.

Die Ernährungs-Docs

Pilze sind eine hervorragende Proteinquelle – 100 Gramm Kräuterseitlinge enthalten etwa 4 Gramm Eiweiß und damit mehr als die meisten Gemüsesorten. Das Pilzeiweiß ähnelt tierischem Eiweiß und liefert alle acht essenziellen Aminosäuren. Wer kein Fleisch essen darf oder möchte, ist mit Pilzen daher gut beraten. Außerdem stecken in Pilzen spezielle Eiweißstoffe, die das Immunsystem regulieren. Sie stärken die Abwehrkräfte und dämpfen zugleich überschießende Immunreaktionen, die zu Erkrankungen wie Schuppenflechte führen.

Artischocken-Erbsen-Spaghetti mit Ziegenkäse

Akne | Neurodermitis | Rosazea | Schuppenflechte

Für 2 Personen
Zubereitungszeit: 30 Minuten

150 g Dinkelvollkornspaghetti (eifrei)
Salz
30 g Pinienkerne
125 g tiefgekühlte Erbsen (bei individueller Verträglichkeit bei Neurodermitis)
1 kleiner Radicchio (ca. 175 g)
4 Artischockenherzen (aus der Dose; ca. 200 g)
1 EL kalt gepresstes Olivenöl
¼ l Gemüsebrühe
100 g Ziegenfrischkäse (40 % Fett i. Tr.)
Pfeffer aus der Mühle

Nährwerte pro Portion:
600 kcal, 25 g EW, 24 g F, 59 g KH, 24 g BST

+ Die Nudeln in reichlich kochendem Salzwasser nach Packungsanweisung bissfest garen. Inzwischen die Pinienkerne in einer Pfanne ohne Fett hell rösten. Herausnehmen und abkühlen lassen. Die Erbsen antauen lassen. Radicchio putzen, vierteln, waschen, den harten Strunk entfernen und die Viertel quer in feine Streifen schneiden. Die Artischockenherzen in einem Sieb abtropfen lassen und vierteln.

+ In einer großen Pfanne das Öl erhitzen, die Erbsen dazugeben, mit der Brühe ablöschen und aufkochen. Ziegenkäse hinzufügen und unter Rühren bei milder Hitze zerlassen, dann etwa 5 Minuten köcheln lassen. Sauce mit Salz und Pfeffer abschmecken, dann die Artischocken und zwei Drittel des Radicchios vorsichtig untermischen.

+ Die Nudeln in ein Sieb abgießen und abtropfen lassen, dabei 3 bis 4 EL Kochwasser auffangen. Die Nudeln unter die Sauce mischen, dabei, falls nötig, das übrige Nudelkochwasser unterrühren. Zum Servieren die Pasta auf Teller verteilen, mit dem restlichen Radicchio garnieren und mit den Pinienkernen bestreuen.

Die Ernährungs-Docs

Wenn Sie unter Hautunreinheiten, Akne oder Neurodermitis leiden, können Sie durch einen zeitweisen Verzicht auf Kuhmilch ausprobieren, ob es zu Verbesserungen kommt. Ziegenmilch ist eine sehr gute Alternative, auch Ziegenkäse wird oft besser vertragen als ein Käse auf Kuhmilchbasis. Warum? Ziegenmilch enthält weniger Casein und mehr Albumine – also Eiweißkomponenten, die leichter verdaulich sind als das Casein der Kuhmilch. Außerdem ist Ziegenmilch reich an den Hautvitaminen A und D und liefert Linolsäure, die der Körper nicht selbst bilden kann.

Pilz-Paprika-Ragout mit Buchweizenklößchen

Akne | Rosazea | Schuppenflechte

Für 2 Personen
Zubereitungszeit: 50 Minuten

650 ml glutenfreie Gemüsebrühe
50 ml glutenfreier ungesüßter Haferdrink
125 g Buchweizengrütze
1 rote Zwiebel
400 g gemischte Pilze (z. B. Austernpilze, Champignons, Kräuterseitlinge)
je 1 kleine rote und grüne Paprikaschote
2 ½ EL raffiniertes Olivenöl
2 EL Tomatenmark (ca. 60 g)
1 TL getrockneter Thymian
Salz, Pfeffer aus der Mühle
2 EL Schnittlauchröllchen
1 Bio-Eigelb (Größe M)
½ TL gemahlene Kurkuma

Nährwerte pro Portion:
400 kcal, 15 g EW, 26 g F, 20 g KH, 10 g BST

+ In einem Topf 400 ml Brühe und Haferdrink aufkochen. Den Buchweizen unter Rühren dazugeben, aufkochen und mit geschlossenem Deckel bei milder Hitze etwa 15 Minuten garen, dabei ab und zu umrühren. Danach vom Herd nehmen und abkühlen lassen.

+ Inzwischen Zwiebel schälen und fein würfeln. Pilze putzen, falls nötig, trocken abreiben und je nach Sorte halbieren oder grob schneiden. Paprika vierteln, entkernen, waschen und in Streifen schneiden.

+ Zwiebel, Pilze und Paprika in einer großen Pfanne im Öl bei mittlerer bis starker Hitze 2 bis 3 Minuten unter Rühren anbraten. Tomatenmark dazugeben, kurz andünsten. Thymian untermischen, übrige Brühe dazugießen und alles aufkochen. Mit geschlossenem Deckel bei mittlerer Hitze etwa 10 Minuten garen. Anschließend den Deckel abnehmen und das Gemüse offen noch 3 bis 5 Minuten dicklich einkochen lassen. Salzen und pfeffern, 1 EL Schnittlauch hinzufügen.

+ Währenddessen in einem Topf reichlich Salzwasser aufkochen. Eigelb unter den Buchweizen heben, mit Salz, Pfeffer und Kurkuma würzen. Aus der Masse mit angefeuchteten Händen 6 Klößchen formen und im Salzwasser bei milder Hitze etwa 8 Minuten garen. Herausnehmen und abtropfen lassen. Zum Servieren das Ragout mit den Klößchen anrichten und mit dem übrigen Schnittlauch bestreuen.

Die Ernährungs-Docs

Buchweizen dient Zöliakie-Patienten als idealer Weizenersatz. Mit seinem hohen Zinkgehalt unterstützt das Pseudogetreide das Immunsystem und fördert das Zellwachstum. Außerdem wirkt sich Zink positiv auf den Wundheilungsprozess aus.

Ofengemüse mit Polenta

Akne | Neurodermitis | Rosazea | Schuppenflechte

Für 2 Personen
Zubereitungszeit: 45 Minuten
Garen: 30 Minuten

½ Hokkaidokürbis (ca. 350 g)
300 g kleine Pastinaken
300 g Rosenkohl
6 Thymianzweige
4 EL raffiniertes Olivenöl
½ TL edelsüßes Paprikapulver
1 TL Ahornsirup
Salz, Pfeffer aus der Mühle
200 ml glutenfreier ungesüßter Haferdrink
¼ l vegane glutenfreie Gemüsebrühe
75 g Polenta (Maisgrieß)
100 g geschälte Maronen (vorgegart und vakuumiert)
2 EL gehackte Petersilie

Nährwerte pro Portion:
560 kcal, 11 g EW, 29 g F, 55 g KH, 16 g BST

+ Den Backofen auf 220 °C vorheizen. Ein Backblech mit Backpapier belegen. Den Kürbis waschen, die Kerne mit einem Löffel entfernen und den Kürbis in etwa 1 ½ cm breite Spalten schneiden. Die Pastinaken putzen, schälen und längs vierteln. Den Rosenkohl putzen, waschen und den Strunk kreuzweise einschneiden. Den Thymian waschen, trocken schütteln, die Blätter abzupfen und fein hacken.

+ In einer Schüssel 3 EL Öl, Thymian, Paprikapulver und Ahornsirup verrühren und mit Kürbis, Pastinaken und Rosenkohl mischen, mit Salz und Pfeffer würzen. Das Gemüse auf dem Blech verteilen und im Ofen auf der 2. Schiene von unten etwa 30 Minuten garen.

+ Inzwischen in einem Topf den Haferdrink und 150 ml Brühe mit etwas Salz aufkochen. Die Polenta unter Rühren einrieseln lassen. Die Hitze reduzieren und die Polenta mit geschlossenem Deckel bei sehr milder Hitze noch 15 bis 20 Minuten quellen lassen, dabei ab und zu umrühren.

+ Die Maronen etwa 10 Minuten vor Ende der Garzeit zum Gemüse auf das Blech geben, übrige Brühe dazugießen und mitgaren. Zum Servieren Polenta vom Herd nehmen, das übrige Öl unterrühren, mit Salz abschmecken. Mit dem Ofengemüse auf Tellern anrichten und mit der Petersilie bestreuen.

Die Ernährungs-Docs

Rosenkohl ist ein Top-Gemüse zur Stärkung der Abwehr. Er enthält viel Zink und Vitamin C und wappnet uns gegen Keime und Krankheitserreger. Dieselben Vitalstoffe wirken auch gegen Rötungen und Hautzellschäden. Durch ihre Aufnahme kann eine neue gesunde Hautschicht gebildet und können zum Beispiel Aknenarben bekämpft werden.

Gelber Hirse-Brokkoli-Auflauf

Akne | Neurodermitis | Rosazea | Schuppenflechte

Für 2 Personen
Zubereitungszeit: 40 Minuten
Backen: 20 Minuten

1 ½ cm Kurkumawurzel (ersatzweise ½ TL gemahlene Kurkuma)
100 g Hirse
2 ½ EL kalt gepresstes Olivenöl
130 ml glutenfreie Gemüsebrühe
400 g Brokkoli
Salz
20 g Mandeln
20 g Kürbiskerne
2 EL gehackte Petersilie
125 g griech. Joghurt (10 % Fett; ersatzweise Schafjoghurt bei Akne)
1 EL Mandelmus
Pfeffer aus der Mühle
1 Eiweiß (Größe M)
Öl für die Form

Nährwerte pro Portion:
660 kcal, 75 g EW, 39 g F, 47 g KH, 11 g BST

+ Die Kurkuma schälen und fein würfeln (dabei am besten Einweghandschuhe tragen!). Kurkuma und Hirse in einem Topf in 2 EL Öl bei sehr milder Hitze unter Rühren 1 bis 2 Minuten andünsten. Die Brühe dazugießen, alles aufkochen und mit geschlossenem Deckel bei milder Hitze etwa 15 Minuten garen.

+ Inzwischen den Brokkoli putzen, waschen und in Röschen teilen, den Strunk schälen und etwa 1 cm groß würfeln. Beides in kochendem Salzwasser etwa 3 Minuten garen. In ein Sieb abgießen, kalt abschrecken und abtropfen lassen. Die Hirse vom Herd nehmen, ausdampfen und lauwarm abkühlen lassen.

+ Den Backofen auf 180 °C vorheizen. Eine kleine Auflaufform (ca. 20 x 15 cm) einfetten. Mandeln und Kürbiskerne in einer Pfanne ohne Fett hell rösten. Herausnehmen, abkühlen lassen und grob hacken. Brokkoli, Mandelmischung und 1 EL Petersilie mit dem Joghurt und Mandelmus unter die Hirse mischen, salzen und pfeffern. Das Eiweiß mit 1 Prise Salz steif schlagen und vorsichtig unter die Hirse heben.

+ Hirse-Brokkoli-Mix in der Form verteilen und mit dem übrigen Öl beträufeln. Im Ofen auf der 2. Schiene von unten etwa 20 Minuten backen. Herausnehmen und mit der übrigen Petersilie bestreuen.

Die Ernährungs-Docs

Weil sie das entzündungshemmende Antioxidans Curcumin enthält, kann Kurkuma (Gelbwurz) zur Heilung von unreiner Haut beitragen und Hautproblemen vorbeugen. Zudem lindert Curcumin Schwellungen, wirkt durchblutungsfördernd und regt die Funktion von Leber und Galle an. So werden Entgiftungsvorgänge beschleunigt, die Haut wird straffer und reiner. Wichtig: Kurkuma immer mit Fett essen, sonst nimmt der Körper das Curcumin nicht auf.

Mediterrane Kartoffel-Gemüse-Päckchen

Akne | Neurodermitis | Rosazea | Schuppenflechte

Für 2 Personen
Zubereitungszeit: 20 Minuten
Garen: 20 Minuten

200 g kleine festkochende Kartoffeln (z. B. Drillinge)
300 g Zucchini
1 rote Spitzpaprikaschote (ca. 100 g)
50 g schwarze Oliven (ohne Stein)
4 EL kalt gepresstes Olivenöl
2 TL getrockneter Oregano
Salz, Pfeffer aus der Mühle
2 Feta light (à ca. 100 g; mindestens 20 % Fett i. Tr.)
1 EL gehacktes Basilikum

Nährwerte pro Portion:
620 kcal, 22 g EW, 47 g F, 22 g KH, 5 g BST

+ Den Backofen auf 180 °C vorheizen. Kartoffeln gründlich waschen und abbürsten, abtrocknen und auf der Gemüsereibe in dünne Scheiben hobeln. Zucchini putzen, waschen und mit dem Spiralschneider oder einem großen Messer in dünne Streifen (wie Spaghetti) schneiden. Paprika längs halbieren, entkernen, waschen und quer in feine Streifen schneiden. Oliven abtropfen lassen. Zucchini, Paprika und Oliven mit 3 EL Öl, Oregano, Salz und Pfeffer gut mischen.

+ Jeweils zwei Stücke Backpapier (à ca. 40 x 40 cm) übereinanderlegen und mittig mit 1/2 EL Öl beträufeln. Jeweils die Hälfte der Kartoffeln darauflegen, dann die Hälfte der Gemüse-Oliven-Mischung darauf verteilen. Je 1 Stück Feta daraufsetzen, das Backpapier bonbonartig verschließen und an den Seiten mit Küchengarn fest zubinden.

+ Die Päckchen im Ofen auf der mittleren Schiene etwa 20 Minuten garen. Zum Servieren aus dem Ofen nehmen, auf Teller legen und öffnen (Achtung, heißer Dampf entweicht!). Mit Basilikum bestreuen.

Die Ernährungs-Docs

Die Art, wie ein Essen zubereitet wird, hat einen großen Einfluss auf den Nährstoffgehalt. Das Garen von Gemüse im Backpapierpäckchen ist eine gute Methode, um Aroma und Nährstoffe zu schonen. Alternativ können Sie Gemüse auch dämpfen, kurz dünsten oder behutsam anbraten. Es sollte nur bissfest gegart werden und noch eine kräftige Farbe haben. Dann ist es reich an Enzymen, Vitaminen, Mineral- und sekundären Pflanzenstoffen. Sie alle sind optimal für die Gesundheit und Schönheit von Haut, Haaren und Nägeln. Übrigens: Mit den attraktiven Zucchininudeln können Sie auch Kinder für Gemüse begeistern.

Mangold-Pizza mit Roter Bete

Akne | Neurodermitis | Rosazea | Schuppenflechte

Für 2 Personen
Zubereitungszeit: 1 Stunde
Gehen: 55–60 Minuten
Backen: 12–15 Minuten

175 g Dinkelvollkornmehl
Salz
1/4 Würfel Hefe (ca. 10 g)
3 EL kalt gepresstes Olivenöl
500 g Mangold
(möglichst gelb-, orange- oder rotstielig)
100 g Rote Bete
(vorgegart und vakuumiert)
Pfeffer aus der Mühle
frisch geriebene Muskatnuss
125 g Frischkäse (Halbfettstufe; ersatzweise Ziegenfrischkäse bei Akne)
1 EL Pinienkerne
Dinkelmehl zum Arbeiten

Nährwerte pro Portion:
630 kcal, 27 g EW, 25 g F, 66 g KH, 16 g BST

+ Für den Teig das Mehl mit 1/2 TL Salz in einer Rührschüssel mischen, in die Mitte eine Mulde drücken. Hefe hineinbröckeln und mit 3 EL lauwarmem Wasser verrühren. Etwas Mehl darüberstreuen und den Vorteig an einem warmen Ort zugedeckt 10 bis 15 Minuten gehen lassen. Dann Mehl, Vorteig, 100 ml lauwarmes Wasser und 1 EL Öl mit den Knethaken des Handrührgeräts glatt verkneten. Den Teig noch etwa 5 Minuten durchkneten, zur Kugel formen und zugedeckt noch etwa 45 Minuten gehen lassen.

+ Den Backofen auf 220 °C vorheizen. Ein Backblech mit Backpapier belegen. Den Mangold putzen, die Blätter von den Stielen schneiden, alles waschen und trocken tupfen. Die Stiele in etwa 2 cm breite Streifen, die Blätter klein schneiden. Die Rote Bete etwa 1 cm groß würfeln (dabei am besten Einweghandschuhe tragen!). Die Mangoldstiele in einer Pfanne in 1 EL Öl bei mittlerer Hitze etwa 2 Minuten dünsten. Die Mangoldblätter dazugeben und alles offen etwa 3 Minuten weiterdünsten. Mit Salz, Pfeffer und Muskat würzen.

+ Den Teig auf der leicht bemehlten Arbeitsfläche nochmals kneten, halbieren und jede Hälfte mit dem Nudelholz oval ausrollen. Den Rand rundum etwa 1 cm nach innen klappen und andrücken. Nebeneinander auf das Blech legen und mit Frischkäse bestreichen. Mangold-Mix und Rote Bete darauf verteilen, mit Pinienkernen bestreuen und mit übrigem Öl beträufeln. Pizzas im Ofen auf der mittleren Schiene 12 bis 15 Minuten backen. Herausnehmen und sofort servieren.

Die Ernährungs-Docs

Greifen Sie zu, wenn Sie auf dem Markt buntstieligen Mangold entdecken. Diese Sorten enthalten ähnlich wie Rote Bete Betalaine, die antioxidative Eigenschaften haben, Entzündungen lindern und Haut, Augen und Knochen schützen.

Bunter Gemüsetopf mit Gremolata

Akne | Rosazea | Schuppenflechte

Für 2 Personen
Zubereitungszeit: 40 Minuten

1 Zwiebel
1 kleine Fenchelknolle (ca. 200 g), 1 Möhre
1 Stange Staudensellerie
200 g Brokkoli
100 g grüne Bohnen
3 Thymianzweige
2 EL kalt gepresstes Olivenöl
1 EL Tomatenmark
Salz, Pfeffer aus der Mühle
400 g Cocktailtomaten (aus der Dose; ersatzweise stückige Tomaten; bei individueller Verträglichkeit bei Schuppenflechte)
1/2 l vegane glutenfreie Gemüsebrühe
1 Lorbeerblatt, 30 g Mandeln
1 kleine Knoblauchzehe
2 EL gehackte Petersilie
abgeriebene Schale von 1/2 Bio-Zitrone
1 kleine Zucchini
120 g Borlotti- oder weiße Bohnen (aus der Dose)

Nährwerte pro Portion: 480 kcal, 21 g EW, 24 g F, 34 g KH, 17 g BST

+ Die Zwiebel schälen und in feine Streifen schneiden. Das Gemüse je nach Sorte putzen und waschen beziehungsweise schälen. Den Fenchel längs halbieren und quer in feine Streifen schneiden. Möhre und Sellerie klein würfeln. Den Brokkoli in Röschen teilen, die Stiele in Würfel schneiden. Die grünen Bohnen halbieren. Den Thymian waschen und trocken schütteln.

+ Zwiebel, Fenchel, Möhre, Sellerie, Brokkoli und grüne Bohnen in einem Topf im Öl bei mittlerer Hitze etwa 5 Minuten andünsten. Das Tomatenmark hinzufügen und kurz andünsten, mit Salz und Pfeffer würzen. Dann Tomaten, Brühe, Thymian und Lorbeer dazugeben. Alles aufkochen und mit halb geschlossenem Deckel bei milder Hitze etwa 20 Minuten köcheln lassen.

+ Inzwischen für die Gremolata die Mandeln in einer Pfanne ohne Fett hell rösten. Herausnehmen, abkühlen lassen und grob hacken. Den Knoblauch schälen und sehr fein würfeln. Die Mandeln mit Knoblauch, Petersilie und Zitronenschale mischen.

+ Die Zucchini putzen, waschen, längs halbieren und in feine Scheiben schneiden. Die Bohnen in einem Sieb abbrausen und abtropfen lassen, mit den Zucchini etwa 5 Minuten vor Ende der Garzeit zur Suppe geben. Zum Servieren die Suppe mit Salz und Pfeffer abschmecken, auf tiefe Teller verteilen und mit Gremolata bestreuen.

Tipp: Wer Zeit sparen möchte, kann statt des frischen Gemüses auch 600 g gemischtes tiefgekühltes Suppengemüse (ungewürzt) für das Rezept verwenden.

Orientalischer Auberginen-Kichererbsen-Eintopf

Akne | Rosazea | Schuppenflechte

Für 2 Personen
Zubereitungszeit: 40 Minuten

1 Aubergine (ca. 300 g)
Salz
3 Möhren (ca. 250 g)
1 rote Zwiebel
10 g Ingwer
1 kleine Knoblauchzehe
2 EL kalt gepresstes Olivenöl
½ TL gemahlener Kreuzkümmel
1 TL Harissa (bei individueller Verträglichkeit bei Rosazea; ersatzweise rosenscharfes Paprikapulver)
600 ml glutenfreie Gemüsebrühe
200 g Kichererbsen (aus der Dose)
40 g Mandeln
Pfeffer aus der Mühle
4 Koriandergrünstiele
150 g Naturjoghurt (1,5 % Fett; ersatzweise Schaf- oder Ziegenjoghurt bei Akne)

Nährwerte pro Portion:
540 kcal, 19 g EW, 31 g F, 39 g KH, 15 g BST

+ Die Aubergine putzen, waschen und in etwa 2 cm große Würfel schneiden, salzen und etwa 10 Minuten ziehen lassen. Die Möhren putzen, schälen und etwa 1 cm groß würfeln. Die Zwiebel schälen, halbieren und in Streifen schneiden. Ingwer und Knoblauch schälen und fein würfeln.

+ Die Auberginenwürfel mit Küchenpapier trocken tupfen. Das Öl in einem Topf erhitzen und die Auberginenwürfel darin etwa 3 Minuten unter Wenden anbraten. Möhren, Zwiebel, Ingwer und Knoblauch hinzufügen und etwa 2 Minuten mitbraten. Kreuzkümmel und Harissa unterrühren. Mit der Brühe ablöschen, mit geschlossenem Deckel aufkochen und bei milder Hitze etwa 15 Minuten köcheln lassen.

+ Inzwischen die Kichererbsen in einem Sieb abbrausen und abtropfen lassen. Mit den Mandeln zum Eintopf geben, aufkochen und mit Salz und Pfeffer würzen. Den Koriander waschen, trocken schütteln und die Blätter abzupfen.

+ Zum Servieren den Eintopf auf tiefe Teller verteilen und mit Koriander bestreuen, den Joghurt dazu reichen.

Die Ernährungs-Docs

Kichererbsen sind echte Allrounder in Sachen Haut. Sie verfügen über einen hohen Anteil an Eiweiß, Ballast- und Mineralstoffen (Eisen, Kalzium, Zink und Magnesium), ihr hoher Mangangehalt unterstützt den Aufbau von Kollagen. Reichlich Folsäure beschleunigt den Prozess der Zellbildung und hilft der Haut, sich zu regenerieren. Tipp: Inzwischen gibt es auch Pasta aus Hülsenfrüchten – zum Beispiel aus Kichererbsenmehl.

Knackig frisch: Das schmeckt der Haut

Unsere Haut liebt es einfach: Ihre wichtigsten Nährstoffe für die Gesundheit und gutes Aussehen sind Vitamine und antioxidativ wirkende Pflanzenstoffe. Die finden sich in Obst, Gemüse und Getreide, das es in jedem Supermarkt gibt.

Salatgurke

Ihr hoher Wassergehalt von etwa 95 Prozent und zahlreiche Mineralstoffe machen sie zu einem Top-Feuchtigkeitsfood. Gurke enthält nicht nur Silizium für die Kollagenbildung, sondern auch reichlich hautstärkende Schwefelverbindungen. Viel Magnesium und Kalium in der Gurke wirken zudem ausschwemmend und kurbeln die Nierentätigkeit an.

Dinkel

Das Getreide und auch anderes Vollkorn wie Buchweizen, Hafer, Haferflocken, Hirse und Co. enthalten das Spurenelement Selen, das die Zellen schützt und ein prima Helfer gegen Angriffe von freien Radikalen ist. Außerdem punktet Dinkel mit Ballaststoffen und enthält Biotin, ein wasserlösliches Vitamin gegen brüchige Nägel und schuppende Haut.

Kiwi

Die Frucht für schöne Haut enthält reichlich essenzielle Vitamine und Mineralstoffe. Vor allem dank ihres hohen Vitamin-C-Gehalts schützt sie die Haut von innen und fördert den Aufbau kollagener Fasern. Ähnlich wirken auch Erdbeeren, Orangen, Zitronen, Grapefruits, Sanddorn, Paprika oder Grünkohl. Bitte beachten: Vitamin C ist sehr licht- und wärmeempfindlich.

Möhren

Das orangefarbene Gemüse strotzt nur so vor wertvollen Nährstoffen. Die Haut mag vor allem den Pflanzenstoff Betacarotin, der Möhren und Co. ihre leuchtenden Farben verleiht. Er schützt als antioxidativ wirksamer Stoff die Haut – in geringem Maße auch vor UV-Strahlen. Aprikosen, Brokkoli, Kürbis und Paprika enthalten ebenfalls Betacarotin.

Spinat

Der grüne Allrounder ist reich an Vitamin A und C. In geringen Mengen enthält er auch Vitamin E und Folsäure. Diese Vitamine beleben die Haut und beugen Trockenheit vor. Biotin sorgt für den Aufbau von Haut, Haaren und Fingernägeln. Der Pflanzenfarbstoff Chlorophyll, ein sekundärer Pflanzenstoff, repariert geschädigte Zellen, schützt vor Sonne und möglicherweise auch vor Hautkrebs.

Tomaten

Das Gemüse und Produkte daraus wie Tomatenmark und Tomatensaft sind wahre Wohltaten für die Haut. Mineralstoffe regulieren die Feuchtigkeit und das darin enthaltene Lycopin, ein Carotinoid und sekundärer Pflanzenstoff, wirkt gegen freie Radikale und oxidativen Stress, in hoher Dosis auch gegen UV-Strahlung. Auch Aprikosen und Wassermelone haben einen ähnlichen Anti-Aging-Effekt.

Puten-Romanesco-Geschnetzeltes in Mandelcreme

Akne | Rosazea | Schuppenflechte

Für 2 Personen
Zubereitungszeit: 40 Minuten

½ Romanesco (ca. 400 g; ersatzweise Blumenkohl)
250 g Bundmöhren (mit Grün)
Salz
150 g Dinkelvollkorn-Tagliatelle
4 Frühlingszwiebeln
250 g Putenschnitzel
1 ½ EL raffiniertes Rapskernöl
Pfeffer aus der Mühle
1 TL Dinkelvollkornmehl
¼ l Gemüsebrühe
2 EL Mandelmus (ca. 40 g)
1–2 EL Zitronensaft

Nährwerte pro Portion:
760 kcal, 50 g EW, 26 g F, 70 g KH, 21 g BST

+ Den Romanesco putzen, waschen und in Röschen teilen. Die Möhren putzen, waschen oder dünn schälen, das Grün beiseitelegen. Möhren je nach Dicke längs halbieren oder vierteln und schräg in etwa 5 cm breite Stücke schneiden. Romanesco in kochendem Salzwasser etwa 8 Minuten bissfest garen. Nach der Hälfte der Garzeit die Möhrenstücke dazugeben und mitgaren. Das Gemüse in ein Sieb abgießen, kalt abschrecken und gut abtropfen lassen.

+ Die Nudeln in reichlich kochendem Salzwasser nach Packungsanweisung bissfest garen. Inzwischen Frühlingszwiebeln putzen, waschen und schräg in 2 bis 3 cm breite Stücke schneiden. Fleisch waschen, trocken tupfen und quer in feine Streifen schneiden.

+ Das Fleisch in einer großen Pfanne im Öl in zwei Portionen bei mittlerer bis starker Hitze 2 bis 3 Minuten unter Wenden hellbraun braten, mit Salz und Pfeffer würzen. Die Frühlingszwiebeln dazugeben und etwa 1 Minute mitbraten.

+ Das Mehl darüberstäuben und kurz andünsten. Dann Brühe und Mandelmus unterrühren, alles aufkochen und offen bei mittlerer Hitze noch etwa 3 Minuten köcheln lassen. Dabei, falls die Sauce zu dick ist, noch etwas kochend heißes Nudelkochwasser untermischen.

+ Zuletzt Romanesco und Möhren unterheben und das Geschnetzelte noch etwa 3 Minuten weiterköcheln lassen. Das beiseitegelegte Möhrengrün waschen, trocken schütteln und fein hacken.

+ Zum Servieren das Geschnetzelte mit Salz, Pfeffer und Zitronensaft abschmecken. Die Nudeln in ein Sieb abgießen und kurz abtropfen lassen, dann mit dem Putengeschnetzelten auf Tellern anrichten und mit Möhrengrün bestreuen.

Hähnchen-Wok mit Spitzkohl

Akne | Rosazea | Schuppenflechte

Für 2 Personen
Zubereitungszeit: 30 Minuten

250 g Hähnchenbrustfilet
250 g Spitzkohl (ersatzweise junger Weißkohl)
je 1 kleine gelbe und rote Paprikaschote
2 Schalotten
10 g Ingwer
100 g tiefgekühlte Erbsen
125 ml glutenfreie Hühnerbrühe
4 EL glutenfreie Sojasauce (z. B. Tamari)
½ TL Johannisbrotkernmehl
3 EL raffiniertes Rapskernöl
50 g Mandeln
Salz, Pfeffer aus der Mühle

Nährwerte pro Portion:
620 kcal, 50 g EW, 35 g F, 19 g KH, 14 g BST

+ Das Fleisch waschen, trocken tupfen und in Streifen schneiden. Den Spitzkohl putzen, waschen und den harten Strunk entfernen, den Kohl erst in 2 bis 3 cm breite Streifen, dann in mundgerechte Stücke schneiden. Paprikaschoten vierteln, entkernen, waschen und in feine Streifen schneiden. Schalotten und Ingwer schälen und fein würfeln. Die Erbsen antauen lassen. Die Brühe mit Sojasauce und Johannisbrotkernmehl verrühren.

+ Den Wok oder eine große Pfanne erhitzen, 2 EL Öl hineingeben. Die Mandeln darin bei mittlerer bis starker Hitze 2 bis 3 Minuten goldbraun anbraten, herausnehmen und beiseitestellen. Dann das Fleisch im verbliebenen Bratfett bei starker Hitze unter Rühren 2 bis 3 Minuten goldbraun braten. Mit Salz und Pfeffer würzen, herausnehmen.

+ Anschließend Kohl und Paprika im übrigen Öl bei starker Hitze 2 bis 3 Minuten unter Rühren anbraten. Schalotten und Ingwer hinzufügen und etwa 2 Minuten mitbraten. Würzsauce dazugießen und Mandeln, Fleisch und Erbsen unterheben. Alles nochmals kurz aufkochen, dann bei milder Hitze etwa 3 Minuten ziehen lassen. Zum Servieren das Wokgericht mit Salz und Pfeffer abschmecken und auf Teller verteilen. Dazu passt Vollkornreis.

Die Ernährungs-Docs

Ingwer ist in puncto Beauty und Gesundheit ein echter Alleskönner. Die scharfe Wurzel wirkt entzündungshemmend, durchblutungsfördernd und antibakteriell. Dafür verantwortlich sind vor allem die Gingerole, Scharfstoffe mit antioxidativen Eigenschaften. Diese aktivieren die Kollagenproduktion, wirken gegen Hautunreinheiten und Entzündungen und helfen sogar, Narben zu reduzieren.

Kürbis-Linsen-Curry mit Hähnchen

Akne | Neurodermitis | Schuppenflechte

Für 2 Personen
Zubereitungszeit: 45 Minuten

2 TL gemahlener Koriander
1 TL gemahlene Kurkuma
1/2 TL Zimtpulver
1/2 TL gemahlener Kümmel
1/4 TL frisch geriebene Muskatnuss
10 g Ingwer
1 EL natives Kokosöl
70 g Berglinsen (bei individueller Verträglichkeit bei Neurodermitis)
200 ml cremige ungesüßte Kokosmilch (aus der Dose)
400 ml glutenfreie Gemüsebrühe
300 g Butternusskürbis
200 g Wirsing
1 Hähnchenbrustfilet (ca. 200 g)
Salz, Pfeffer aus der Mühle
1 EL raffiniertes Olivenöl
1 EL gehacktes Koriandergrün

Nährwerte pro Portion:
670 kcal, 40 g EW, 38 g F,
35 g KH, 12 g BST

+ Für die Gewürzmischung Koriander, Kurkuma, Zimt, Kümmel und Muskat mischen. Ingwer schälen und in dünne Scheiben schneiden. In einem breiten Topf das Kokosöl erhitzen und den Ingwer darin bei mittlerer Hitze etwa 2 Minuten andünsten. Würzmischung und Linsen dazugeben, kurz mitdünsten. Kokosmilch und Brühe dazugießen. Alles mit geschlossenem Deckel aufkochen und bei milder Hitze etwa 30 Minuten köcheln lassen, bis die Linsen gar sind.

+ Inzwischen den Kürbis putzen, schälen und etwa 1 1/2 cm groß würfeln. Wirsing putzen, den harten Strunk entfernen und die Blätter in etwa 2 cm breite Stücke schneiden. Kürbis und Wirsing nach etwa 20 Minuten zum Curry geben und noch etwa 10 Minuten mitgaren.

+ Währenddessen das Hähnchen waschen, trocken tupfen, salzen und pfeffern. In einer Pfanne im Olivenöl auf jeder Seite etwa 2 Minuten stark anbraten, dann bei mittlerer Hitze auf jeder Seite etwa 5 Minuten weiterbraten. Zum Servieren das Fleisch schräg in Scheiben schneiden und mit dem Curry auf Tellern anrichten. Mit dem Koriandergrün bestreuen. Dazu passt Vollkornbasmatireis.

Die Ernährungs-Docs

Scharfe Gewürze wie Curry, Chili, Knoblauch oder schwarzer Pfeffer erhöhen die Durchblutung der Haut. So verstärken sie den Juckreiz bei Neurodermitis oder können zu Rosazea-Schüben mit rotem, glühendem und brennendem Gesicht führen. Daher sollten Betroffene nur mäßig gewürztes Essen zu sich nehmen. Im Rezept finden Sie ein mildes Curry – aus Gewürzen mit entzündungshemmenden Wirkungen: Ingwer, Kurkuma, Zimt und Muskatnuss.

Kohlrabi-Kartoffel-Auflauf mit Putenschnitzeln

Akne | Neurodermitis | Rosazea | Schuppenflechte

Für 2 Personen
Zubereitungszeit: 30 Minuten
Garen: 25 Minuten

2 Putenschnitzel (à ca. 180 g)
Salz, Pfeffer aus der Mühle
1 EL gehackter Thymian
3 EL raffiniertes Olivenöl
600 g junge Kohlrabis
300 g vorwiegend festkochende Kartoffeln
20 g milchfreie Margarine
20 g Dinkelvollkornmehl
1/4 l glutenfreier ungesüßter Haferdrink
frisch geriebene Muskatnuss
2 EL Kürbiskerne

Nährwerte pro Portion:
720 kcal, 57 g EW, 32 g F,
45 g KH, 9 g BST

+ Den Backofen auf 200 °C vorheizen. Schnitzel waschen, trocken tupfen und auf jeder Seite salzen und pfeffern. 1/2 EL Thymian mit 2 EL Öl mischen, das Fleisch damit auf jeder Seite bestreichen.

+ Die Kohlrabis putzen, schälen, zarte Blätter waschen und beiseitelegen. Die Kohlrabis etwa 1 cm groß würfeln. Die Kartoffeln schälen, waschen und etwa 2 cm groß würfeln. Die Kohlrabiwürfel in kochendem Salzwasser etwa 3 Minuten vorgaren. Herausnehmen und abtropfen lassen. Das Kohlrabikochwasser erneut aufkochen und die Kartoffeln darin etwa 8 Minuten vorgaren, in ein Sieb abgießen und gut abtropfen lassen, dabei 200 ml Kochwasser auffangen.

+ Für die Béchamelsauce die Margarine in einem Topf erhitzen. Den übrigen Thymian dazugeben, mit Mehl bestäuben und bei mittlerer Hitze unter Rühren kurz andünsten. Den Haferdrink dazugießen und alles gut verrühren. Das aufgefangene Kohlrabikochwasser hinzufügen und unter Rühren aufkochen. Die Sauce bei mittlerer Hitze etwa 10 Minuten köcheln lassen, dabei ab und zu umrühren. Mit Salz, Pfeffer und Muskat würzen.

+ Kohlrabis und Kartoffeln mit der Sauce mischen und in einer Auflaufform (ca. 30 x 20 cm) verteilen. Kürbiskerne grob hacken, auf dem Auflauf verteilen und mit übrigem Öl beträufeln. Im Ofen auf der mittleren Schiene etwa 25 Minuten garen. Herausnehmen und vor dem Servieren etwa 5 Minuten ruhen lassen.

+ Die Schnitzel rechtzeitig in einer Pfanne bei mittlerer bis starker Hitze 2 bis 3 Minuten auf jeder Seite anbraten. Zum Servieren das beiseitegelegte Kohlrabigrün fein hacken und über den Auflauf streuen, den Auflauf mit den Schnitzeln servieren.

Ratatouille mit Makrele

Akne | Rosazea | Schuppenflechte

Für 2 Personen
Zubereitungszeit: 40 Minuten
Garen: 30–35 Minuten

1 große Zwiebel
1 Knoblauchzehe
je 1 kleine rote und gelbe Paprikaschote (bei individueller Verträglichkeit bei Schuppenflechte)
200 g junge Zucchini
1 Aubergine (ca. 300 g; bei individueller Verträglichkeit bei Schuppenflechte)
400 g Tomaten (bei individueller Verträglichkeit bei Schuppenflechte)
je 1 EL gehackter Thymian, Rosmarin und Oregano
Salz, Pfeffer aus der Mühle
5 EL raffiniertes Olivenöl
4 Makrelenfilets (à ca. 100 g; mit Haut)
1 EL Limettensaft

Nährwerte pro Portion: 640 kcal, 36 g EW, 44 g F, 19 g KH, 10 g BST

+ Den Backofen auf 200 °C (Umluft: 180 °C) vorheizen, dabei eine Auflaufform (ca. 20 x 30 cm) auf der mittleren Schiene mit vorheizen. Zwiebel schälen und in Spalten schneiden. Knoblauch schälen und in dünne Scheiben schneiden. Paprikaschoten halbieren, entkernen, waschen und etwa 2 cm groß würfeln. Zucchini putzen, waschen und in etwa 1 cm dicke Scheiben schneiden. Aubergine putzen, waschen, längs vierteln und in etwa 1 cm breite Scheiben schneiden. Tomaten waschen und grob würfeln, dabei die Stielansätze entfernen.

+ Zwiebel, Knoblauch, Paprikawürfel, Zucchini- und Auberginenscheiben und die Tomaten in der vorgeheizten Form verteilen (Achtung, heiß!). Kräuter dazugeben und untermischen, mit Salz und Pfeffer würzen und mit 4 EL Öl beträufeln. Im Ofen auf der mittleren Schiene 30 bis 35 Minuten garen, dabei zwei- bis dreimal wenden.

+ Inzwischen den Fisch waschen, trocken tupfen, salzen und pfeffern. Auf jeder Seite mit dem übrigen Öl bestreichen und in einer Grillpfanne auf der Haut etwa 5 Minuten braten. Wenden und 2 bis 3 Minuten fertig braten. Mit Limettensaft beträufeln, mit geschlossenem Deckel kurz ziehen lassen. Zum Servieren das Ratatouille aus dem Ofen nehmen und mit Salz und Pfeffer abschmecken. Mit den Makrelenfilets auf Tellern anrichten. Dazu passt Vollkornbaguette.

Die Ernährungs-Docs

Essen Sie farbenfroh! Am besten viel Gemüse – und auch zuckerarmes Obst – in allen Regenbogenfarben, dann ist die Nährstoffversorgung durch die Kombination der Nahrungsmittel gesichert. Das große Plus der bunten Lieblinge sind jede Menge sekundäre Pflanzenstoffe: Sie schützen die Pflanzen vor Schäden und haben auch im menschlichen Körper einen positiven Effekt auf die Gesundheit, viele wirken zum Beispiel entzündungshemmend.

Grünkohl-Garnelen-Pfanne

Akne | Rosazea | Schuppenflechte

Für 2 Personen
Zubereitungszeit: 45 Minuten

125 g Vollkornbasmatireis
Salz
400 g Grünkohl (ersatzweise 250 g tiefgekühlter Grünkohl)
1 Knoblauchzehe
100 g Champignons
1 rote Chilischote (bei individueller Verträglichkeit bei Rosazea)
100 g Cocktailtomaten (bei individueller Verträglichkeit bei Schuppenflechte)
250 g rohe Garnelen (geschält)
1 TL mildes Currypulver
4 EL raffiniertes Olivenöl
Pfeffer aus der Mühle
2 EL Limettensaft
2 Bio-Limettenspalten

Nährwerte pro Portion:
650 kcal, 39 g EW, 26 g F, 57 g KH, 12 g BST

+ Den Reis in einem Sieb gründlich mit kaltem Wasser abbrausen. Dann in einem Topf mit Salzwasser mit geschlossenem Deckel bei milder Hitze 35 bis 40 Minuten garen. In ein Sieb abgießen, abtropfen und abkühlen lassen.

+ Inzwischen Grünkohl putzen, waschen und ggf. den harten Strunk entfernen. Blätter in kochendem Salzwasser etwa 3 Minuten blanchieren. In ein Sieb abgießen, kalt abschrecken und abtropfen lassen. Grünkohl ausdrücken und grob hacken. Knoblauch schälen und in dünne Scheiben schneiden. Pilze putzen, falls nötig, trocken abreiben und in Scheiben schneiden. Chili längs halbieren, entkernen, waschen und in Ringe schneiden. Tomaten waschen und halbieren.

+ Garnelen waschen, trocken tupfen und mit 1/2 TL Currypulver würzen. In einer großen Pfanne in 2 EL Öl bei starker Hitze auf jeder Seite 1 1/2 bis 2 Minuten anbraten, in der letzten Minute den Knoblauch dazugeben. Salzen, herausnehmen und warm halten. Grünkohl in der Pfanne im übrigen Öl bei mittlerer Hitze etwa 5 Minuten unter Wenden braten. Pilze und Chili dazugeben, mit dem übrigen Currypulver (1/2 TL) bestäuben und etwa 3 Minuten unter Wenden weiterbraten. Reis hinzufügen und etwa 2 Minuten mitbraten. Tomaten hinzufügen, etwa 1 Minute weiterbraten. Mit Salz, Pfeffer und Limettensaft abschmecken. Zum Servieren die Grünkohl-Reis-Pfanne mit den Garnelen auf Tellern anrichten und mit je 1 Limettenspalte garnieren.

Die Ernährungs-Docs

Grünkohl ist Superfood für die Haut: In dem grünen Blattgemüse stecken jede Menge Antioxidantien – darunter vor allem das Flavonoid-Duo Kämpferol und Quercetin, dem eine antientzündliche, antimikrobielle und herzschützende Wirkung nachgesagt wird. Es verlangsamt den Alterungsprozess der Haut.

Asia-Forelle mit Dicke-Bohnen-Gemüse

Akne | Rosazea | Schuppenflechte

Für 2 Personen
Zubereitungszeit: 45 Minuten
Garen: 16–20 Minuten

2 Forellen (à ca. 350 g; küchenfertig)
Salz, Pfeffer aus der Mühle
3 EL helles Sesamöl
20 g Ingwer
1 Knoblauchzehe
4 EL glutenfreie Sojasauce (z. B. Tamari)
375 g tiefgekühlte Dicke Bohnen
1 große Salatgurke (ca. 500 g)
1 kleiner süßlicher Apfel (z. B. Jonathan)
1–2 TL Limettensaft
100 ml glutenfreie Gemüsebrühe
100 g cremige ungesüßte Kokosmilch (aus der Dose)
2 TL süßscharfe Chilisauce (bei individueller Verträglichkeit bei Rosazea)
1 EL gehacktes Koriandergrün

Nährwerte pro Portion:
690 kcal, 49 g EW, 33 g F, 43 g KH, 11 g BST

+ Die Forellen innen und außen waschen, trocken tupfen und auf jeder Seite viermal schräg einschneiden. Salzen und pfeffern, auf jeder Seite mit insgesamt 1 EL Öl bestreichen. Für die Marinade Ingwer und Knoblauch schälen, fein würfeln und mit der Sojasauce verrühren.

+ Die Dicken Bohnen in kochendem Wasser etwa 3 Minuten garen, in ein Sieb abgießen, kalt abschrecken und abtropfen lassen. Die Kerne aus den Häuten palen und beiseitestellen. Die Gurke waschen und streifig schälen, dann längs halbieren. Die Gurkenhälften entkernen und quer in etwa ½ cm breite Scheiben schneiden. Den Apfel waschen, vierteln und entkernen. Die Viertel quer in dünne Scheiben schneiden und sofort mit dem Limettensaft beträufeln, damit sie sich nicht bräunlich verfärben.

+ Den Backofengrill einschalten. Ein Ofengitter auf die mittlere Schiene (ca. 15 cm Abstand zu den Grillstäben) und darunter ein Abtropfblech schieben. Die Forellen im Ofen auf dem Ofengitter 16 bis 20 Minuten garen, dabei nach der Hälfte der Garzeit wenden und jeweils mit 1 EL Marinade beträufeln.

+ Inzwischen das übrige Öl in einem breiten Topf erhitzen und Gurken- und Apfelscheiben darin bei mittlerer Hitze etwa 2 Minuten dünsten. Die Brühe dazugießen und aufkochen. Dann Kokosmilch, Chilisauce und Bohnenkerne hinzufügen und alles mit geschlossenem Deckel bei mittlerer Hitze etwa 5 Minuten köcheln lassen.

+ Zum Servieren das Gemüse mit Salz und Pfeffer abschmecken, mit Forellen und übriger Marinade auf Tellern anrichten. Mit dem Koriandergrün bestreuen.

Zitronenlachs auf Ofenzucchini

Akne | Rosazea | Schuppenflechte

Für 2 Personen
Zubereitungszeit: 30 Minuten
Garen: 25 Minuten

400 g Zucchini
1 Knoblauchzehe
2 EL raffiniertes Olivenöl
Salz, Pfeffer aus der Mühle
1 Rosmarinzweig
2 Lachsfilets (à ca. 160 g)
2 EL Mandelmus
1 EL gehackte Mandeln
2 EL gehackte Petersilie
abgeriebene Schale und Saft von 1/2 Bio-Zitrone
200 g Cocktailtomaten (mit Rispen; bei individueller Verträglichkeit bei Schuppenflechte)
1 Dose weiße Bohnen (250 g Abtropfgewicht)
5 EL glutenfreie Gemüsebrühe
1/4 TL gemahlener Kreuzkümmel

Nährwerte pro Portion:
730 kcal, 48 g EW, 47 g F, 25 g KH, 7 g BST

+ Den Backofen auf 220 °C vorheizen. Zucchini putzen, waschen und schräg in etwa 1/2 cm dicke Scheiben schneiden. Knoblauch schälen, fein würfeln und mit Öl, Salz und Pfeffer mischen. Eine Auflaufform (ca. 20 x 30 cm) mit etwas Knoblauchöl einfetten. Zucchini leicht überlappend in die Form schichten, dabei mit dem übrigen Knoblauchöl bestreichen. Rosmarin waschen, trocken schütteln und in 3 Stücke schneiden, auf die Zucchini legen.

+ Fisch waschen, trocken tupfen, salzen und pfeffern. Mandelmus mit gehackten Mandeln, Petersilie und Zitronenschale verrühren und die Filets damit bestreichen. Zucchini im Ofen auf der mittleren Schiene etwa 10 Minuten garen. Die Filets auf das Gemüse setzen und alles im Ofen auf der mittleren Schiene weitere 15 Minuten garen. Tomaten waschen, 5 Minuten vor Garzeitende dazulegen.

+ Inzwischen die Bohnen in einem Sieb abbrausen, abtropfen lassen und mit der Brühe in einem Topf einmal aufkochen. Mit dem Stabmixer pürieren, mit Salz, Pfeffer, Kreuzkümmel und 1 bis 2 TL Zitronensaft abschmecken. Zum Servieren die Lachsfilets mit Gemüse und Bohnenpüree auf Tellern anrichten. Nach Belieben je 1 unbehandelte Zitronenspalte dazu servieren.

Die Ernährungs-Docs

Wenn die Haut nicht genügend Talg produziert, kann sie spannen, jucken, gerötet und schuppig sein. Diese Symptome lassen sich durch den Verzehr gesunder Fette mildern. Fette Seefische sind eine gute Quelle für essenzielle Omega-3-Fettsäuren (siehe Seite 51), die am Zellwachstum und an der Hautregeneration beteiligt sind. Sie machen die Haut geschmeidig und bewirken, dass sie mit Feuchtigkeit versorgt wird. Da sie entzündliche Prozesse reduzieren, können sie Hauterkrankungen wie Schuppenflechte mildern.

Quickie-Rezepte für Psoriatiker

Vier Kleinigkeiten, die Tempo in die Küche bringen und die Haut erfreuen. Denn Ballaststoffe wie Probiotika in Sauerkraut und Buttermilch und Präbiotika in Vollkornbrot und Apfel unterstützen die gesunden Darmbakterien und damit auch die Hautreinigung.

Sauerkrautschnitten mit Putenschinken

+ Für 2 Personen: **250 g 3-Minuten-Sauerkraut** (aus der Dose) in einem Sieb abtropfen lassen, gründlich ausdrücken und in einer kleinen Pfanne mit **1 EL kalt gepresstem Rapskernöl** etwa 3 Minuten dünsten. **1 kleinen Apfel** waschen, vierteln, entkernen und in Spalten schneiden. **100 g Speisequark (20 % Fett), 2 TL geriebenen Meerrettich, 2 EL Wasser, Salz und Pfeffer aus der Mühle** verrühren und **4 Scheiben Dinkelvollkornbrot (à ca. 50 g)** damit bestreichen. Mit **8 Scheiben Putenbrustaufschnitt (ca. 50 g),** Apfelspalten und Sauerkraut belegen. Die Brote mit **1 EL Schnittlauchröllchen** bestreuen.

Nährwerte pro Portion: 400 kcal, 21 g EW, 9 g F, 50 g KH, 12 g BST

Kiwi-Buttermilch-Shake

+ Für 2 Personen: **3 reife Kiwis (ca. 300 g)** und **½ Banane** schälen und grob schneiden. Mit **1 EL gewaschenen Minzeblättern, 2 EL Limettensaft, 250 g reiner Buttermilch (1 % Fett)** und **100 g Crushed Ice** im Mixer fein pürieren. Zum Servieren auf Gläser verteilen.

Nährwerte pro Portion: 180 kcal, 6 g EW, 2 g F, 28 g KH, 7 g BST

Pilzrührei mit Räuchermakrele

+ Für 2 Personen: **200 g Champignons** putzen, falls nötig, trocken abreiben und halbieren oder vierteln. **2 Frühlingszwiebeln** putzen, waschen und in dünne Ringe schneiden. **2 EL kalt gepresstes Olivenöl** in einer Pfanne erhitzen und die Pilze darin bei mittlerer Hitze unter Rühren etwa 5 Minuten braten, nach etwa 2 Minuten Frühlingszwiebeln hinzufügen. **3 Bio-Eier** (Größe M) und **3 EL Milch** (1,5 % Fett) mit **Salz und Pfeffer aus der Mühle** verrühren, in die Pfanne geben und unter Rühren stocken lassen. **175 g Räuchermakrelenfilets** häuten, in Stücke pflücken und mit dem Rührei servieren.

Nährwerte pro Portion: 510 kcal, 30 g EW, 41 g F, 5 g KH, 3 g BST

Süßsaure Garnelen auf Salat

+ Für 2 Personen: **2 Schalotten** und **10 g Ingwer** schälen und fein würfeln. **250 g rohe Garnelen** (geschält) waschen, trocken tupfen, **salzen und pfeffern.** Mit **2 EL raffiniertem Rapskernöl** im Wok unter Rühren etwa 2 Minuten scharf anbraten. Schalotten und Ingwer hinzufügen, kurz mitbraten. **4 EL Apfelessig, 200 g passierte Tomaten** (aus der Dose), **2 TL flüssigen Honig** und **2 EL glutenfreie Sojasauce** (Tamari) dazugeben, offen 3 bis 4 Minuten köcheln lassen. **2 Römersalatherzen** putzen, waschen, längs vierteln und auf Tellern anrichten. Garnelen samt Sauce darauf verteilen. Mit **1 EL Koriandergrünblättern** bestreuen.

Nährwerte pro Portion: 280 kcal, 28 g EW, 13 g F, 11 g KH, 4 g BST

SÜSSES

Good News für Naschkatzen: Sie dürfen zugreifen, wenn Sie weißen Zucker in Desserts und Kuchen meiden und auf zuckerarme Früchte setzen. Apfel-Tiramisu, Skyr-Soufflé, Süßkartoffel-Brownies und Co. sind kalorienärmer als ihre klassischen Verwandten. Damit sich der Aufwand lohnt, sind die Rezepte in diesem Kapitel immer für vier.

Wassermelonengelee mit Zitronengras-Kokos-Creme

Akne | Neurodermitis | Rosazea | Schuppenflechte

Für 4 Portionsförmchen
(à ca. 150 ml Inhalt)
Zubereitungszeit: 30 Minuten
Gelieren: 3 Stunden

1/2 Wassermelone (ca. 1 1/2 kg)
4 EL Limettensaft (bei individueller Verträglichkeit bei Neurodermitis)
1 gehäufter TL Agar-Agar
2 Stängel Zitronengras
2 Sternanis
250 g cremige ungesüßte Kokosmilch (aus der Dose)
einige Minzeblätter zum Garnieren

Nährwerte pro Portion:
280 kcal, 4 g EW, 13 g F, 35 g KH, 1 g BST

+ Von der Melone mit einem Kugelausstecher 20 kleine Bällchen ausstechen und abgedeckt kühl stellen. Übrige Melone schälen und grob schneiden, nach Belieben die Kerne entfernen. Im Mixer glatt pürieren, durch ein feines Sieb streichen und den Saft auffangen.

+ Die Förmchen kalt ausspülen. 2 EL Melonensaft abnehmen und beiseitestellen, den Rest (ca. 1/2 l) mit dem Limettensaft in einem Topf aufkochen. Agar-Agar mit dem abgenommenen Melonensaft mischen, in den Saft-Mix rühren und etwa 2 Minuten köcheln lassen. Anschließend auf die Förmchen verteilen und abgedeckt im Kühlschrank mindestens 3 Stunden fest werden lassen.

+ Inzwischen vom Zitronengras die welken Außenblätter und die obere trockene Hälfte entfernen, die untere Hälfte fein hacken. Zitronengras und Sternanis mit Kokosmilch in einem Topf langsam aufkochen und bei milder Hitze etwa 2 Minuten köcheln lassen. Vom Herd nehmen und abkühlen lassen.

+ Zum Servieren die Minze waschen und trocken tupfen. Die Förmchen mit dem Gelee bis zum Rand kurz in heißes Wasser tauchen, dann das Gelee jeweils auf einen Teller stürzen und mit der Zitronengrascreme umgießen, vorher Zitronengras und Sternanis entfernen. Mit den beiseitegestellten Melonenkugeln und der Minze garnieren.

Die Ernährungs-Docs

Mit rund 90 Prozent Wasseranteil und Elektrolyten wie Kalium und Magnesium ist die Wassermelone ein hervorragender Feuchtigkeitsspender. Sie hilft, den Flüssigkeitshaushalt zu regulieren, und bietet effektive Hilfe für dehydrierte Haut.

Papaya-Joghurt-Trifle mit Krokant

Akne | Neurodermitis | Rosazea | Schuppenflechte

Für 4 Personen
Zubereitungszeit: 20 Minuten

40 g geschälte, gehackte Mandeln, 2 TL flüssiger Honig
4 Minzestiele
500 g reife Papaya
300 g griech. Joghurt (5 % Fett)
3 EL Mineralwasser mit Kohlensäure

Nährwerte pro Portion: 160 kcal, 4 g EW, 9 g F, 13 g KH, 4 g BST

+ Die Mandeln in einer Pfanne ohne Fett hell rösten, dann den Honig untermischen. Die Masse auf einem Blatt Backpapier ausbreiten und abkühlen lassen, dann grob hacken.

+ Inzwischen die Minze waschen, trocken schütteln, die Blätter abzupfen und in feine Streifen schneiden. Die Papaya schälen, halbieren und die Kerne mit einem Löffel entfernen. Die Papayahälften etwa 1 cm groß würfeln. Mit der Minze mischen. Den Joghurt mit dem Mineralwasser cremig verrühren.

+ Zum Servieren Papaya-Mix, Joghurt und Krokant abwechselnd in Gläser schichten, dabei mit Krokant abschließen. Nach Belieben mit Minze garnieren.

Apfel-Tiramisu

Akne | Rosazea | Schuppenflechte

Für 4 Personen
Zubereitungszeit: 30 Minuten
Kühlen: 1 Stunde 30 Minuten

½ Bio-Zitrone, 800 g süße Äpfel
1 EL Apfeldicksaft, 1 Zimtstange
250 g Schafquark, 150 g Speisequark (20 % Fett i. Tr.)
½ TL gemahlene Vanille

Nährwerte pro Portion: 240 kcal, 13 g EW, 3 g F, 36 g KH, 4 g BST

+ Zitrone heiß waschen, abtrocknen, 1 Streifen Schale dünn abziehen und 2 EL Saft auspressen. Äpfel vierteln, schälen, entkernen und etwa 2 cm groß würfeln.

+ Die Apfelwürfel in einem Topf mit Zitronenschale und -saft, Apfeldicksaft und Zimtstange mischen. Mit geschlossenem Deckel aufkochen und bei milder Hitze etwa 7 Minuten weich garen, dann etwa 30 Minuten abkühlen lassen. Zitronenschale und Zimtstange wieder entfernen.

+ Beide Quarksorten mit Vanille und 3 EL Wasser cremig verrühren. Äpfel auf Schalen verteilen, die Quarkmischung darübergeben und etwa 1 Stunden kühlen. Nach Belieben mit Kakao-Nibs bestreuen.

Skyr-Soufflé mit Früchten

Akne | Rosazea | Schuppenflechte

Für 4 ofenfeste Förmchen
(à ca. 150 ml Inhalt)
Zubereitungszeit: 30 Minuten
Backen: 15 Minuten

2 Bio-Eier (Größe L)
Salz
Mark von 1 Vanilleschote
200 g Skyr (isländ. Frischkäse; ersatzweise Speisequark aus Schafmilch bei Akne; siehe Tipp)
2 TL Mais - oder Kartoffelstärke
1 Msp. Zimtpulver
2 TL Zitronensaft
2 Kiwis
4 Aprikosen
125 g Heidelbeeren
Öl und Mandelmehl für die Förmchen

Nährwerte pro Portion:
190 kcal, 11 g EW, 7 g F,
16 g KH, 5 g BST

+ Den Backofen auf 200 °C vorheizen. Die Förmchen mit Öl einfetten und mit Mandelmehl ausstreuen. Die Eier trennen, Eiweiße mit 1 Prise Salz mit den Quirlen des Handrührgeräts steif schlagen. Die Eigelbe mit Vanillemark, Skyr, Stärke, Zimt und Zitronensaft verrühren. Den Eischnee mit einem Teigschaber vorsichtig unterheben.

+ Die Förmchen bis knapp unter den Rand mit der Skyr-Masse füllen und im Ofen auf der 2. Schiene von unten etwa 15 Minuten goldbraun backen (Achtung, dabei die Ofentür nicht öffnen!).

+ Inzwischen die Kiwis schälen, längs halbieren und quer in Scheiben schneiden. Aprikosen waschen, halbieren, entsteinen und in Spalten schneiden. Beeren verlesen, waschen und trocken tupfen. Die Soufflés aus dem Ofen nehmen, nach Belieben aus den Förmchen lösen und mit den Früchten auf Tellern anrichten, sofort servieren.

Tipp: Skyr ist ein isländisches Traditionsprodukt mit cremiger Konsistenz und leicht säuerlichem Geschmack – wie eine Mischung aus Magerquark und Joghurt. Er überzeugt mit einem hohen Proteingehalt (ca. 11 g/100 g) und einem geringen Fettanteil (ca. 0,2 %).

Die Ernährungs-Docs

Setzen Sie auf die Eigensüße von Obst! Dann brauchen Sie Desserts gar nicht oder nur wenig zusätzlich zu süßen. Denn egal, ob in Form von Honig, Ahornsirup oder Dicksaft – jeder Zucker beschleunigt den Alterungsprozess der Haut und anderer Gewebe. Er bindet das Bindegewebsprotein Kollagen und Fette, die die Haut elastisch halten, und verstärkt entzündliche Prozesse. Nach dem Zuckerverzehr steigt der Insulinspiegel und der Wert des insulinähnlichen Wachstumsfaktors („Insulin-like-growth-Faktor"). Das regt das Zellwachstum an, die Talgdrüsen werden größer und Akne entsteht.

Rosa-Grapefruit-Granita

Akne | Rosazea | Schuppenflechte

Für 4 Personen
Zubereitungszeit: 20 Minuten
Gefrieren: 4 Stunden

2 rosa Grapefruits
2 EL Limettensaft
50 g flüssiger Honig
2 Minzestiele

Nährwerte pro Portion: 100 kcal, 1 g EW, 0 g F, 19 g KH, 1 g BST

+ Die Grapefruits so großzügig schälen, dass auch die weiße Haut mit entfernt wird. Filets zwischen den einzelnen Trennhäuten herausschneiden, den austretenden Saft auffangen und den Rest der Grapefruits gut ausdrücken, die Kerne entfernen. Grapefruitfilets mit Grapefruitsaft, Limettensaft und Honig in einem hohen Rührbecher mit dem Stabmixer fein pürieren. Minze waschen, trocken tupfen, die Blätter abzupfen und fein schneiden, unter das Püree mischen.

+ Die Masse in einer flachen Schale etwa 4 Stunden im Tiefkühlfach gefrieren. Dabei nach etwa 2 Stunden mit einer Gabel durchrühren. Zum Servieren nochmals auflockern und in gekühlte Gläser geben.

Frozen Mango auf Kokoscreme

Akne | Neurodermitis | Rosazea | Schuppenflechte

Für 4 Personen
Zubereitungszeit: 15 Minuten
Gelieren: 2 Stunden

600 ml cremige ungesüßte Kokosmilch (aus der Dose), 1 TL Agar-Agar, 300 g tiefgekühlte Mangowürfel, 4 TL Kakao-Nibs

Nährwerte pro Portion: 360 kcal, 4 g EW, 31 g F, 15 g KH, 2 g BST

+ Die Kokosmilch in einem Topf aufkochen. Agar-Agar mit 2 EL Wasser glatt rühren, in die Kokosmilch geben und alles unter Rühren etwa 2 Minuten köcheln lassen.

+ Die Creme vom Herd nehmen und lauwarm abkühlen lassen, dann in Gläser (à ca. 200 ml Inhalt) füllen und abgedeckt etwa 2 Stunden in den Kühlschrank stellen.

+ Zum Servieren die Mangowürfel etwa 10 Minuten antauen lassen. Dann im Blitzhacker fein zerkleinern. Das Mangopüree auf die Creme geben und glatt streichen. Mit je 1 TL Kakao-Nibs bestreuen.

Polentaschnitten mit Zwetschgenkompott

Akne | Neurodermitis | Rosazea | Schuppenflechte

Für 4 Personen als Dessert
(für 2 Personen als Hauptspeise)
Zubereitungszeit: 50 Minuten
Kühlen: 1 Stunde

½ Vanilleschote
400 ml Milch (1,5 % Fett; ersatzweise Mandeldrink bei Akne und Rosazea)
100 g Polenta (Maisgrieß)
500 g reife Zwetschgen
1 Zimtstange
1 Sternanis
1 TL Johannisbrotkernmehl
2 EL Mandelblättchen
2 EL raffiniertes Rapskernöl (am besten mit Butteraroma)
Öl für das Blech

Nährwerte pro Portion:
230 kcal, 4 g EW, 14 g F, 9 g KH, 4 g BST

+ Ein Backblech mit Öl einfetten. Vanilleschote längs aufschneiden und das Mark herauskratzen. Milch mit Vanillemark und -schote in einem Topf aufkochen. Polenta unter Rühren einstreuen und mit geschlossenem Deckel etwa 15 Minuten ausquellen lassen. Vanilleschote entfernen, die Masse etwa 1 cm hoch gleichmäßig auf dem Blech verstreichen, etwa 1 Stunde abkühlen und fest werden lassen.

+ Inzwischen die Zwetschgen waschen, halbieren und entsteinen. Mit Zimt, Sternanis und 100 ml Wasser in einem Topf aufkochen und mit geschlossenem Deckel bei mittlerer Hitze 4 bis 5 Minuten köcheln lassen. Vom Herd nehmen, das Johannisbrotkernmehl unterrühren und alles lauwarm abkühlen lassen. Die Mandeln in einer Pfanne ohne Fett hell rösten. Herausnehmen und abkühlen lassen.

+ Die Polentaplatte in 16 Rauten (à ca. 6 cm Seitenlänge) schneiden und in einer großen Pfanne im Öl in zwei Portionen bei mittlerer bis starker Hitze auf jeder Seite etwa 2 Minuten goldbraun braten. Zum Servieren mit dem Kompott anrichten und mit Mandeln bestreuen.

Die Ernährungs-Docs

Bei Akne und Rosazea sollten Sie auf helle Weizenprodukte wie Kuchen, Gebäck und Toast verzichten. Das tut der Haut gut, begünstigt das Abheilen von Rötungen und stärkt das Immunsystem. Als glutenfreie Getreidealternative bietet sich Polenta aus Mais, Amarant, Buchweizen und Hirse an.

Süßkartoffel-Walnuss-Brownies

Akne | Neurodermitis | Rosazea | Schuppenflechte

Für 1 quadratische Backform
(ca. 24 x 24 cm; 25 Stück)
Zubereitungszeit: 30 Minuten
Backen: 35–40 Minuten
Kühlen: 1 Stunde 30 Minuten

2 EL geschroteter Leinsamen
700 g Süßkartoffeln
50 g getrocknete Soft-Aprikosen
100 g Walnusskerne
(ersatzweise Mandeln bei
Neurodermitis)
80 g Mandeln
200 g Dinkelvollkornmehl
4 EL Kakaopulver (nicht entölt)
1 Pck. Weinsteinbackpulver
2 TL Zimtpulver
1 Msp. gemahlene Nelken
Salz
75 g Apfeldicksaft
2 EL Kakao-Nibs
ggf. Öl für die Form

Nährwerte pro Stück:
150 kcal, 4 g EW, 6 g F,
16 g KH, 3 g BST

+ Den Leinsamenschrot mit 5 EL Wasser verrühren und bis zur Verwendung quellen lassen. Die Süßkartoffeln schälen, waschen und würfeln. In einem Topf mit Wasser bedeckt aufkochen und mit geschlossenem Deckel bei mittlerer Hitze 10 bis 12 Minuten weich garen. Dann abgießen und etwa 30 Minuten abkühlen lassen.

+ Inzwischen den Backofen auf 180 °C vorheizen. Die Backform mit Backpapier auslegen oder einfetten. Die Aprikosen in Stücke schneiden. Nüsse fein reiben, Mandeln hacken. In einer Schüssel Dinkelmehl mit Aprikosen, Walnüssen, Mandeln, Mehl, Kakao, Backpulver, Zimt, Nelken und 1 Prise Salz mischen. Süßkartoffeln mit Leinsamen, Aprikosen und Apfeldicksaft in einem hohen Rührbecher fein pürieren. Das Süßkartoffelpüree zur Nuss-Mehl-Mischung geben und alles mit den Quirlen des Handrührgeräts mischen.

+ Den Teig in die Form füllen und glatt streichen. Die Kakao-Nibs daraufstreuen und leicht andrücken. Im Ofen auf der mittleren Schiene 35 bis 40 Minuten backen. Herausnehmen und auf einem Kuchengitter kurz abkühlen lassen, aus der Form lösen und mindestens 1 Stunde abkühlen lassen. Zum Servieren in 25 Würfel schneiden.

Die Ernährungs-Docs

Naschen erlaubt! Diese Brownies bestehen vor allem aus Süßkartoffeln, die reichlich Ballast-, Mineralstoffe, Vitamin C und E sowie antioxidativ wirksame Carotinoide liefern, darunter auch ihren wichtigsten Vertreter, das Betacarotin. Durch das Kleinschneiden, Garen und Pürieren werden die Zellen der orangefleischigen Kartoffeln zerstört und besonders viel von dem hautschützenden Pflanzenstoff freigesetzt. Doch nur wenn der Kuchen auch gleichzeitig Fette enthält wie hier, kann der Körper Betacarotin aufnehmen.

Stichwortregister

Rezeptregister

Alphabetisch

Nach Krankheiten

NEURODERMITIS

ROSAZEA

SCHUPPENFLECHTE

Die Ernährungs-Docs

Dr. med. Matthias Riedl ist ärztlicher Direktor der von ihm 2008 gegründeten medicum Hamburg MVZ GmbH, die einzigartig in Europa die Diabetologie mit der Ernährungsmedizin und neun angrenzenden Facharztrichtungen ganzheitlich verbindet. Der Internist, Diabetologe und Ernährungsmediziner Matthias Riedl ist außerdem als Publizist für Fachzeitschriften und Verlage, Berater für Firmen und Krankenkassen, Dozent auf internationalen Kongressen und Lehrbeauftragter zweier Universitäten tätig. Im Vorstand des Bundesverbands Deutscher Ernährungsmediziner (BDEM e. V.) engagiert er sich für die Förderung der Ernährungstherapie. 2019 erhielt er für seine Verdienste den BDEM-Therapiepreis.

Dr. med. Anne Fleck ist seit Jahren anerkannt für ihre innovative, ganzheitliche Präventiv- und Ernährungsmedizin. Als „Gesundheitsscout“, wie sie sich selbst sieht, betreut und berät sie Menschen und Unternehmen aus dem In- und Ausland. Vor allem die Themen Krankheitsprävention, ganzheitliche Heilung und dauerhafte Gewichtsreduktion liegen ihr am Herzen. Als Buchautorin wurde Anne Fleck 2016, 2017 und 2018 im literarischen Wettbewerb auf der Frankfurter Buchmesse (zweimal Goldmedaille, einmal Silbermedaille) im Segment „Gesundheit“ ausgezeichnet. Sie ist Mitglied in internationalen Fachgesellschaften und engagiert sich in Vorträgen als Referentin für moderne Gesundheitsansätze.

Dr. med. Jörn Klasen ist Facharzt für innere Medizin mit Schwerpunkt Magen-, Darm- und Lebererkrankungen sowie Arzt für anthroposophische Medizin und Naturheilverfahren. Er kombiniert die konventionelle Medizin mit komplementärmedizinischen Methoden. Über 15 Jahre war er Chefarzt und zehn Jahre stellvertretender ärztlicher Direktor am Asklepios Westklinikum Hamburg. Seit 2015 ist er leitender Arzt des Zentrums für integrative Medizin am Klinikum Stephansplatz, Hamburg. Er hat außerdem zahlreiche Buchbeiträge verfasst, ist Lehrbeauftragter an der Universität Hamburg, hat Lehraufträge in Athen, Sofia und Zürich und ist Diplom-Heilpädagoge.

Franziska Pfeiffer arbeitet als freie Journalistin und Autorin für namhafte Verlage und Redaktionen. Sie absolvierte nach dem Studium die Henri-Nannen-Journalistenschule und hat sich auf medizinische und ernährungswissenschaftliche Themen spezialisiert.

Claudia Timmann ist gelernte Fotografin und arbeitet seit 2010 freiberuflich von Hamburg aus. Sie ist deutschlandweit für Verlage und Redaktionen tätig. Ihren besonderen Schwerpunkt legt sie auf Food- und People-Fotografie. Bei den Foodfotos der „Ernährungs-Docs" haben sie die Foodstylisten Claudia Seifert und Pedro Torres unterstützt.

Martina Kittler, Ökotrophologin und Sportwissenschaftlerin, arbeitet seit vielen Jahren als freie Food- und Kochbuchautorin. Die Themen Gesundheit, Kochen und Ernährung liegen ihr besonders am Herzen und sie versteht es, diese mit Genussfreude in schmackhafte Rezepte umzusetzen. Sie ist für namhafte Verlage und Redaktionen tätig und hat viele Bücher und Ratgeber veröffentlicht.

Hinweis

Die Ratschläge in diesem Buch wurden mit größter Sorgfalt von Autoren und Verlag erarbeitet und geprüft. Eine Garantie kann jedoch nicht übernommen werden. Ebenso ist eine Haftung der Autoren bzw. des Verlags und seiner Beauftragten für Personen-, Sach- oder Vermögensschäden ausgeschlossen. Erkrankungen mit ernstem Hintergrund gehören in ärztliche Behandlung! Bei bereits bestehenden Beschwerden kann das Buch daher keinen fachärztlichen Rat ersetzen.

Hilfreiche Adressen

Professionelle Unterstützung durch Ernährungsmediziner und -berater:

Bundesverband Deutscher Ernährungsmediziner e. V. (BDEM)
www.bdem.de

BerufsVerband Oecotrophologie e. V. (VDOE)
www.vdoe.de

Verband der Diätassistenten – Deutscher Bundesverband e. V. (VDD)
www.vdd.de/diaetassistenten

Organisationen, die weiterführende Infos und Austausch bieten:

Arbeitsgemeinschaft Allergiekrankes Kind e. V. (AAK)
www.aak.de

Bundesverband Neurodermitis e. V. (BVN)
www.neurodermitis.net

Deutsche Rosazea Hilfe e. V. (DRH)
www.rosazeahilfe.de

Deutscher Allergie- und Asthmabund e. V. (DAAB)
www.daab.de

Deutscher Psoriasis Bund e. V. (DPB)
www.psoriasis-bund.de

ZU DEN AUTOREN

2015 war die Geburtsstunde einer bisher einzigartigen Fernsehreihe des NDR: Seither helfen die „Ernährungs-Docs“ Menschen, die an ihren Gesundheitsproblemen fast verzweifeln. Für **Anne Fleck, Jörn Klasen** und **Matthias Riedl,** allesamt erfahrene Ärzte, gilt: Essen als Medizin! Sie setzen gezielt auf moderne Ernährungsstrategien, um Symptome deutlich zu verbessern oder Krankheiten sogar zu heilen. Und beweisen an Bord ihrer Hausboot-Praxis, dass durch eine Umstellung der Gewohnheiten oft schon innerhalb weniger Monate erstaunliche Erfolge erzielt werden können.

Eine Auswahl weiterer Bücher der Autoren:

- → Diabetes heilen
- → Starke Gelenke
- → Gute Verdauung
- → Supergesund mit Superfoods
- → Zuckerfrei gesünder leben
- → So stärken Sie Ihr Immunsystem
- → Gesund und schlank durch Intervallfasten
- → Starkes Herz
- → Unser Anti-Bauchfett-Programm

IMPRESSUM

Hinter jedem tollen Buch steckt ein starkes Team

Projektleitung: *Kathrin Ullerich*
Texte: *Franziska Pfeiffer*
Rezepte: *Martina Kittler*
Lektorat: *Kathrin Gritschneder*
Covergestaltung: *ZERO Werbeagentur, München*
Grafische Gestaltung: *Karin Miller*
Satz: *Christopher Hammond*
Fotografie: *Claudia Timmann (andere siehe Bildnachweis)*
Foodstyling: *Claudia Seifert, Pedro Torres*
Coverfoto: *Andreas Sibler*
Herstellung: *Frank Jansen*
Producing: *Jan Russok*
Druck & Bindung: *optimal media GmbH, Röbel*

Die Empfehlungen in den Lebensmitteltabellen wurden erarbeitet in Kooperation mit dem Ernährungstherapie-Team vom medicum Hamburg.

In Zusammenarbeit mit und lizenziert durch nonfictionplanet GmbH, Hamburg

4. Auflage 2023

Kaiserstraße 14 b
D-80801 München
ISBN: 978-3-89883-971-6

BILDNACHWEIS

Nonfictionplanet: 21, 27, 31, 37; Shutterstock: 13, 15, 35, 44, 45, 48, 50, 51, 57, 80, 81, 92, 93; Andreas Sibler: 182